L'INVASION
DE 1814
EN
SEINE-ET-MARNE

D'APRÈS DES DOCUMENTS INÉDITS

TIRÉS DES ARCHIVES DÉPARTEMENTALES

PAR

FRÉDÉRIC HUMBERT

Avocat, Conseiller général de Seine-et-Marne
Ancien chef du cabinet au Ministère de la Justice
et des Cultes.

MELUN
IMPRIMERIE DE L'AVENIR
3, Boulevard Victor-Hugo, 3

1885

L'INVASION
DE 1814
EN
SEINE-ET-MARNE

D'APRÈS DES DOCUMENTS INÉDITS
TIRÉS DES ARCHIVES DÉPARTEMENTALES

PAR

FRÉDÉRIC HUMBERT

Avocat, Conseiller général de Seine-et-Marne,
Ancien chef du cabinet au Ministère de la Justice
et des Cultes.

MELUN
IMPRIMERIE DE L'AVENIR
3, Boulevard Victor Hugo, 3

1885

A MES CONCITOYENS

De nos jours, beaucoup de bons esprits se sont tout spécialement appliqués à signaler les défauts et les dangers du patriotisme local, le baptisant même souvent du nom moins relevé d'esprit de clocher. Rien, a-t-on dit, n'est plus funeste aux progrès de la civilisation et au développement des forces de la nation, que cette espèce d'égoïsme qui porte les habitants d'une ville, d'un département, à se désintéresser en quelque sorte des grandes fonctions de la vie nationale, pour se cantonner dans le culte restreint d'intérêts étroitement bornés. Au point de vue du développement intellectuel, tout d'abord, pourquoi rétrécir ainsi sa sphère à l'examen immédiat de phénomènes isolés de statistique ou d'économie politique, qu'il n'est possible d'apprécier sainement que par une vue d'ensemble, sur un vaste théâtre? Au point de vue de la lutte pour l'existence, qui est la loi pour la nation comme pour l'individu, n'est-ce pas un suprême danger de négliger les relations naturelles qui doivent enchaîner des parties si différentes quant aux intérêts matériels, alors que ces mêmes intérêts doivent nécessairement périr, s'ils ne se groupent en faisceau pour résister aux convoitises étrangères et aux discussions intestines?

Le péril que l'on met ainsi en lumière est heureusement plus spécieux que réel, et l'amour de l'autonomie n'est pas à ce point populaire que le patriotisme local puisse jamais porter ombrage au principe vital de l'unité française. Le patriotisme local est un des éléments essentiels du patriotisme national; pour bien aimer la France, nous commençons toujours par aimer ce qui frappe d'une façon immédiate nos facultés sensitives, dont le cercle d'action est borné par la nature : nous aimons notre ville, notre canton, ainsi de suite. Le patriotisme local est le germe dont le développement engendre nécessairement l'amour de la patrie.

Un de nos premiers devoirs est de travailler, chacun dans la mesure de ses forces, à développer ce germe qui gît dans l'âme de nos concitoyens. La tâche est facile dans un département comme le nôtre, bouclier placé devant le cœur de la patrie, et que l'ennemi a dû, lors de chaque invasion, percer de part en part pour l'atteindre. Les tristes souvenirs de l'année terrible sont encore présents au milieu de nous, il serait inutile de les rappeler. Ce sont les malheurs de Seine-et-Marne pendant l'invasion de 1814, et son héroïque attitude, que je vais essayer de raconter.

Appartenant par ma famille à nos provinces d'Alsace-Lorraine, accueilli parmi vous comme un compatriote, j'ai l'espoir que vous voudrez bien recevoir ce modeste essai, dicté par l'amour de la patrie, comme un hommage reconnaissant.

F. HUMBERT.

AVERTISSEMENT

Cette étude comprend deux parties bien distinctes. La première, après un aperçu sommaire des causes de l'invasion et de l'ensemble de la campagne, renferme une description de la physionomie générale de notre département et de sa situation stratégique par rapport à Paris et à la France ; elle se termine par le récit, dans l'ordre chronologique, des diverses péripéties de la guerre de 1814 en Seine-et-Marne.

La deuxième partie traite des conséquences de l'invasion dans le département, et comprend des explications sur les faits relatifs à l'occupation étrangère, pertes, réquisitions, demandes d'indemnité, répartition des pertes entre les cinq arrondissements. Tous ces détails sont fondés sur des documents inédits ; j'en dois la communication à l'obligeance de l'honorable M. Lemaire, archiviste du département, dont les indications éclairées m'ont été infiniment précieuses.

J'ai ajouté à la fin un index relatant par ordre alphabétique les noms des différentes localités de Seine-et-Marne mentionnées dans le courant de l'ouvrage.

PREMIÈRE PARTIE

INTRODUCTION

Après avoir étouffé, au 18 Brumaire les derniers vestiges des libertés que nos pères avaient conquises au prix de leur sang, investi de pouvoirs souverains comparables à l'ancienne dictature romaine, Napoléon Bonaparte n'avait poursuivi qu'un seul but : donner carrière à travers le monde entier à l'esprit de conquête qui était incarné en lui. Dédaignant les leçons de l'histoire qui auraient dû mettre un frein à son insatiable avidité par l'exemple de la fragilité de l'œuvre éphémère de Charlemagne, il avait résolu de reconstituer à son profit l'Empire d'Occident. Servi d'abord d'une façon merveilleuse par la rigidité d'une volonté de fer, par un génie militaire d'une incroyable profondeur, il sembla venir à bout de la tâche gigantesque assignée par son ambition. De victoire en victoire, après avoir versé, sans s'émouvoir, dans tous les pays du monde des torrents de sang français, il tenait enfin l'Europe dans sa main. Protecteur de la confédération du Rhin, médiateur de la Suisse, suzerain des royaumes de Naples, d'Italie, de Hollande, voyant couler le Tibre et l'Elbe sous ses lois, il désira posséder l'Espagne; ce fut sa perte : cette fois sa prodigieuse fortune allait se briser contre l'amour de la patrie. Les rois humiliés avaient courbé la tête : à la face de l'Europe étonnée, ils s'étaient faits les courtisans de l'ancien sous-lieutenant devenu le gendre du successeur de Charles-Quint; ils s'étaient empressés d'offrir leurs filles à l'alliance de ses parents et de ses généraux. C'est des rangs d'un peuple que devait surgir cet élan de généreuse indignation contre l'oppresseur dont la soif inassouvie de domination ne comptait plus ses victimes. Intimidés ou séduits, le roi d'Espagne et son fils lui laissaient le champ libre, mais la nation se leva comme un seul homme; elle entreprit contre les meilleures troupes du monde cette guerre opiniâtre de partisans qui devait user l'envahisseur et délivrer le territoire. L'insurrection nationale, qui avait sauvé la France en 1792, galvanisait les gouvernements vermoulus que nous avions abaissés ; c'étaient désormais les peuples et non des bandes de mercenaires qui se dressaient devant nous. L'Allemagne s'agitait déjà, impatiente du joug lâchement accepté par ses souverains. Mais Napoléon ne voyait rien, ne sentait rien que le besoin de reculer encore les limites de son Empire. A la tête d'une expédition colossale qui rappelait celle de Xerxès, il envahit la Russie. On connait les navrantes péripéties de cette désastreuse campagne, où nos soldats luttèrent contre le froid et la faim et furent vaincus par la nature. L'empereur revint, mais il laissait dans ces steppes glacées trois cent mille soldats morts ou prisonniers ; son prestige victorieux était gravement affaibli. Une sixième coalition vint à se former entre l'Angleterre, la Russie, la Prusse, la Suède, l'Espagne, auxquelles l'Autriche ne tarda guère à se joindre. La jeunesse allemande, soulevée à la voix de ses poëtes Uhland, Arndt, Kœrner, n'aspirait qu'à délivrer sa patrie, en proie depuis six ans à toutes les humiliations de la conquête. Après des alternatives diverses de succès et de revers, la campagne d'Allemagne se termina par la bataille grandiose de Leipzig, où 190,000 Français luttèrent pendant trois jours contre 333,000 hommes. 120,000 soldats, dont 50,000 Français, y trouvèrent la mort. Epuisée par ses pertes, accablée par des forces supérieures, l'armée française dut battre en retraite. Ses canons, dit un témoin oculaire, roulaient dans une boue de chair humaine ; les débris seulement de cette belle armée purent regagner le Rhin. A l'abri de ce fleuve, ils prirent leurs cantonnements pour passer l'hiver de 1813 et pour surveiller l'ennemi, qui ne devait pas les laisser jouir d'un long repos. Ces troupes, dont l'effectif était extrêmement réduit, avaient été déployées en trois corps d'observation, dont, pour comble d'infortune, le typhus, ce redoutable fléau, vint éclaircir les rangs déjà décimés par les désastres de 1812 et 1813.

La coalition parut tout d'abord hésiter à poursuivre le cours de ses succès en envahissant notre territoire. Le souvenir du mémorable échec de l'invasion de 1792, la valeur tant de fois éprouvée de l'armée française maîtrisèrent un instant son ressentiment. Les alliés publièrent la fameuse déclaration de Francfort, dans laquelle ils protestaient « qu'ils ne faisaient pas la guerre à la France, mais à la prépondérance que Napoléon avait trop long-

temps exercée hors des limites de son Empire. »
Et ils offrirent la paix à condition que la
France rentrât dans ses frontières naturelles.
L'acceptation de cette paix eût comblé tous
les vœux de notre pays et l'eût soustrait aux
horreurs de l'invasion ; mais l'indomptable orgueil du conquérant ne pouvait s'en contenter.
Placé entre le soin égoïste de sa gloire et le
repos d'une nation qu'il avait épuisée de sang
et d'or pour exécuter ses plans surhumains,
le despote ne pouvait hésiter. Au mépris des
avis les plus sages et les plus autorisés, il ne
songea qu'à sa fierté blessée et réclama du
pays qu'il opprimait un suprême effort pour
conserver son oppresseur. Cependant la grande
armée Austro-Russe, commandée par Schwarzenberg, passa le Rhin à Bâle, le 21 décembre ; l'armée de Silésie, sous les ordres de
Blücher, franchit ce fleuve le 1er janvier à
Mannheim, à Mayence et à Coblentz.

C'en était fait, l'ennemi foulait de nouveau
le sol sacré de la patrie. A cette nouvelle, tous
oublient leurs justes griefs contre un gouvernement tyrannique et se montrent prêts à de
nouveaux sacrifices pour chasser l'étranger. La
levée des conscrits de 1814 et de 1815, décrétée
d'urgence, s'exécute sans aucune difficulté, sinon
avec enthousiasme. Après ce règne énervant et

démoralisateur, les caractères avaient perdu la trempe républicaine, mais étaient restés Français avant tout. Profitant de l'attitude résolue du pays, Napoléon s'apprête à marcher à la rencontre des envahisseurs.

Les Alliés, après avoir passé le Rhin, marchèrent vers Paris sur deux lignes d'opérations éloignées, à leur base, de plus de cent lieues : l'armée de Blücher suivrait la vallée de la Moselle, puis celle de la Marne ; l'armée de Schwarzenberg, la vallée de la Saône, puis celle de la Seine. Cette division des forces de la coalition était une lourde faute stratégique, dont Napoléon conçut l'espoir de tirer parti en se glissant entre les deux armées, de façon à n'entrer en lutte que successivement avec chacune d'elles. Après avoir mis la dernière main aux affaires politiques et constitué la régence de Marie-Louise, l'empereur quitta Paris le 25 janvier et arriva le soir à Châlons. Pour empêcher la réunion des armées de Bohême et de Silésie, il attaqua et battit Blücher à Saint-Dizier (27), puis à Brienne (29). Leur jonction eut lieu néanmoins, et, ayant subi un échec à La Rothière (1er février), Napoléon dut se retirer sur Troyes. Le 8, il reçut un nouvel ultimatum, qui n'admettait plus les frontières naturelles du Rhin et des Alpes et obligeait la France à reprendre ses frontières de 1789. Sur son refus, les alliés se remettent en marche sur Paris par la vallée de la Seine et celle de la Marne. Attentif à profiter de la moindre fausse manœuvre, l'empereur donne carrière à son admirable génie militaire et coupe, à Champaubert, un premier fragment d'une longue colonne de 120,000 Prussiens qui s'était imprudemment déployée de Châlons à la Ferté-sous-Jouarre. Sacken, séparé de Blücher, est vaincu à Montmirail et poursuivi jusqu'à Château-Thierry, où il est battu de nouveau le 13 février. Puis Napoléon se retourne contre Blücher, gagne sur lui la bataille de Vauchamps (14 février) et l'oblige à battre en retraite sur Châlons. En cinq jours, il était donc victorieux dans quatre combats. Cependant, tandis qu'il est occupé sur la Marne, Schwarzenberg fait de rapides progrès dans la vallée de la Seine ; son avant-garde dépasse déjà Melun. Par une marche forcée, l'armée revient sur la Seine et bat les alliés le 17, à Mormant, Villeneuve-les-Bordes et Donnemarie. Le corps de Colloredo, fort de 30,000 hommes, qui s'était avancé jusqu'à Fontainebleau, eut malheureusement le temps de battre en retraite, par la faute du maréchal Victor, qui s'était attardé aux environs de Montereau. Les Wurtembergeois furent presque détruits dans cette ville le 18, et les Autrichiens battus le 22 à Méry-sur-Seine. En huit jours, ils avaient dû reculer de cinquante lieues, et l'armée française victorieuse put faire sa rentrée dans Troyes. Mais Blücher avait eu le temps de se réorganiser pendant que Napoléon battait Schwarzenberg, et il se dirigeait de nouveau vers Paris par la Marne. L'empereur se retourne rapidement contre lui et l'oblige à se replier en désordre sur Soissons. Acculé à cette place forte, il était sur le point d'être anéanti, quand la capitulation de Soissons vint le sauver en lui ouvrant une issue. Les Prussiens sont cependant battus à Craonne; mais ils réunissent leurs forces à Laon et réussissent à s'y maintenir. Alors l'empereur court aux Russes et leur reprend la ville de Reims (13 mars). Schwarzenberg, qui avait profité de son absence pour pousser jusqu'à Provins, craint d'être pris en flanc et se replie de nouveau.

Néanmoins cette lutte merveilleuse, dans la proportion d'un contre quatre et même contre cinq, où les plus faibles battaient constamment les plus forts, ne pouvait se prolonger indéfiniment. Pour mettre fin à la tactique qui leur avait été si funeste, Blücher et Schwarzenberg prennent la résolution de se réunir pour diriger leurs forces combinées sur Paris. Napoléon tente vainement de s'opposer à leur dessein en livrant la bataille indécise d'Arcis-sur-Aube (20 et 21 mars). Trouvant dans son fertile génie une ressource inattendue dans une situation presque désespérée, il songe à reculer vers les places fortes de l'Est pour en rallier les garnisons et couper les communications des ennemis, espérant les entraîner sur ses pas et dégager Paris. Mais les alliés ne tombèrent point dans le piège et investirent la capitale avec la plus grande activité. Paris n'était pas fortifié, et n'avait presque point de ressources en artillerie, armes et munitions. Néanmoins, les maréchaux Marmont et Mortier le défendirent héroïquement avec 22,000 hommes contre les 180,000 Prussiens et Autrichiens de Blücher et de Schwarzenberg, qui eurent 18,000 soldats mis hors de combat, presque autant que Paris avait de défenseurs. Le maréchal Marmont dut signer une capitulation, qui mit fin à cette campagne où la France, épuisée par dix ans d'Empire, avait si valeureusement défendu son territoire.

Malgré ses fautes et ses crimes, il est impossible de ne pas accorder un juste tribut d'admiration aux suprêmes efforts du grand capitaine dont les conceptions stratégiques n'avaient jamais été plus ingénieuses ni plus pratiques, n'avaient jamais été exécutées avec plus de vigueur et d'à-propos que dans cette lutte désespérée. Cette dernière guerre est un monument mémorable de ce que peut un grand génie militaire, secondé par des soldats français. Car si nous admirons le chef, que dire des soldats? Il n'y avait plus guère de vétérans parmi eux : cette armée, formée à la hâte de débris de toute sorte, était en grande majorité composée de recrues, voire même de gardes nationaux. Ces conscrits, levés par la régente pour aller droit à l'ennemi, étaient dépourvus de tout élément d'instruction militaire. Vêtus d'une longue capote grise, coiffés d'un bonnet de forme féminine, pour la plupart presque des enfants, on les appelait les *Marie-Louise*. Nu-pieds, souffrant du froid et de la faim, ils donnaient aux vieux soldats l'exemple de la bravoure et de l'intrépidité et couraient au feu tête baissée. Ce n'était pas à l'homme qui avait prodigué pour assouvir sa criminelle ambition le sang de leurs pères, de leurs frères, qu'ils sacrifiaient si généreusement leur vie, c'était à la France, à la patrie qu'ils voulaient débarrasser des hordes de l'étranger. Telle fut la source de cette indomptable énergie, la cause première de cette héroïque résistance à l'invasion de 1814.

I

LE DÉPARTEMENT DE SEINE-ET-MARNE

Après ce résumé rapide des cause de l'invasion et de l'ensemble des opérations, il importe d'étudier la configuration du département de Seine-et-Marne afin de se rendre mieux compte des événements dont il fut alors le théâtre.

Le département de Seine-et-Marne à la forme d'un pentagone irrégulier, dont la plus grande longueur, du nord au sud, est de 120 kilomètres, et la plus grande largeur de 80 kilomètres, de l'est à l'ouest. Il est borné au nord par les départements de l'Oise et de l'Aisne; à l'est, par la Marne et l'Aube; à l'ouest, par Seine-et-Oise, et au sud, par l'Yonne et le Loiret. Il ne possède de limites naturelles que sur une faible partie de son pourtour. Au nord il est séparé par l'Ourcq du département de l'Oise sur une longueur d'environ 7 kilomètres; du département de l'Aisne, par la Marne sur environ 7 kilomètres, et par le Petit-Morin sur environ 6 kilomètres ; du département de la Marne par le Grand-Morin sur environ 3 kilomètres et par l'Aubetin sur 2 kilomètres ; du département de Seine-et-Oise par l'Yères sur 4 kilomètres ; du département de l'Aube par l'Orvin sur 1 kilomètre ; du département du Loiret par le Loing sur 2 kilomètres et par le Fusain sur 1 kilomètre ; du même département et de celui de Seine-et-Oise par l'Essonne sur 12 kilomètres, et de Seine-et-Oise sur environ 1,500 mètres par la rivière d'Ecole.

Si nous négligeons tout d'abord les détails pour une vue d'ensemble, le département de Seine-et-Marne nous apparaît comme une réunion de plateaux séparés par le cours sinueux de plusieurs rivières, et généralement inclinés en pente douce de l'est à l'ouest. Les quelques collines qu'on y remarque n'ont qu'une médiocre élévation. La plus haute du département, la butte Saint-Georges, située sur le territoire de la commune de Verdelot, près de la limite du département de l'Aisne, a 215 mètres.

En revanche, de nombreuses forêts et une quantité de ruisseaux et de rivières contribuent à donner au territoire l'aspect pittoresque que ne suffirait pas à produire un sol si peu accidenté.

Les deux cours d'eau les plus considérables sont la Seine et la Marne, qui ont donné leur nom au département, qu'ils divisent en trois plateaux principaux. Celui qui est situé au nord de la Marne porte à l'est le nom de Multien, à l'ouest le nom de Goële; il est arrosé par le canal de l'Ourcq, et par l'Ourcq qui se dirige du nord au sud vers la Marne. Le plateau central, le plus important, se trouve entre la Marne et la Seine. Il est arrosé par le Grand-Morin et le Petit-Morin, tributaires de la Marne, par la Voulzie, la vieille Seine et au centre par l'Yères, tributaires de la Seine.

L'uniformité de ces plaines fertiles, qui constituent la région bien connue sous le nom de Brie, est interrompue par un grand nombre de bois et de forêts, dont les plus importants sont ceux de Crécy, d'Armainvilliers, de Jouy, de Sourdun et de Valence.

La troisième portion du département, au sud de la Seine, est divisée par le Loing, qui s'écoule du sud au nord, en deux parties très distinctes. Entre la vallée du Loing et les limites du département de l'Yonne, s'élèvent des collines d'une hauteur médiocre, qui vont se rattacher aux côteaux de Bourgogne; là coulent le Lunain et l'Orvanne, tributaires du Loing. A l'ouest de cette rivière, de Château-

Landon à La Chapelle-la-Reine, le pays offre un plateau riche et bien cultivé, mais d'une monotonie qu'on croirait destinée à faire paraître encore plus mouvementée la portion septentrionale occupée par les collines de grès et les terrains sablonneux de la forêt de Fontainebleau, qui couvre le sol sur près de 17,000 hectares.

Le département de Seine-et-Marne comprend des positions stratégiques et des lignes de défense de la plus haute importance, dans l'hypothèse d'une invasion étrangère se dirigeant de nos frontières de l'Est sur Paris. Il se trouve disposé près du but, en travers de la route, comme une suprême circonvallation que l'ennemi doit nécessairement forcer avant de parvenir au cœur du pays. Si la nature a d'elle-même tracé la route à l'envahisseur par les grandes vallées de la Marne et de la Seine que suivent toutes les voies de communication importantes, elle a fait aussi de ces deux rivières, aussitôt qu'elles coulent sur le territoire de Seine-et-Marne, de redoutables barrières qui disent : Tu n'iras pas plus loin. Il suffit d'en défendre les passages, à La Ferté-sous-Jouarre, à Trilport, à Meaux, à Lagny, sur la Marne, à Bray et à Montereau sur la Seine, pour mettre un terme aux progrès de l'invasion. Les rivières tributaires qui les rejoignent viennent encore compliquer la marche de l'ennemi et compléter par des lignes de défense secondaires merveilleusement disposées les obstacles que le département oppose à l'accès de la capitale. C'est ainsi que pendant la campagne qui nous occupe, la ligne de l'Ourcq servit à couvrir les maréchaux Mortier et Marmont en leur permettant de barrer le passage à des forces dix fois supérieures ; que la ligne de l'Yères protégeant Pajol, Victor et Oudinot, leur donna le moyen de résister en attendant le secours de Napoléon ; que la ligne du Loing enfin, grâce à l'héroïque défense de Moret et de Nemours, opposa pendant longtemps un obstacle infranchissable aux Cosaques de Platow et aux Autrichiens de Colloredo. N'oublions pas l'avantage que procurent aux défenseurs qui connaissent bien le pays, les bois et les forêts disséminés sur tous les points de sa superficie : pour citer des exemples, ce sont les bois voisins de Villeneuve-les-Bordes qui permirent au général Gérard de devancer la division bavaroise Lamotte dans sa retraite, et de la prendre en flanc pour changer en déroute sa défaite récente ; c'est la forêt de Valence qui permit au général Pajol de conduire à l'improviste ses troupes à Montereau et de les déployer avantageusement pour battre les Wurtembergois et les expulser de cette ville.

Ce territoire, bien que dépourvu de montagnes et éloigné de l'étranger, est admirablement approprié à une guerre défensive par sa nature et par l'esprit de ses habitants ; il l'a prouvé et le prouverait à l'avenir, si, ce qu'à Dieu ne plaise, il était encore appelé à déployer ce patriotisme actif qui est le caractère essentiel des pays frontières et qu'il possède exceptionnellement d'une façon si remarquable. Et comment s'en étonner ? Notre département n'est-il pas partie intégrante de l'Ile de France, ce noyau central de la patrie auquel se sont successivement agrégées, au cours des péripéties séculaires de l'histoire, toutes les molécules sociales qui composent la nation ? Cette population laborieuse, adonnée aux travaux des champs, qui trace avec une gravité paisible dans une terre grasse et fertile un sillon sans cesse renouvelé, a toujours occupé de père en fils ce cercle restreint qui a été le berceau de la France moderne, qui est le résumé et comme la concentration physique et morale de ses qualités les plus diverses. C'est de là qu'est partie l'idée de nationalité, de patrie, de là qu'elle s'est répercutée graduellement, en ondes successives, jusqu'aux frontières, aux quatre coins de l'horizon. L'Ile de France, le cœur du pays, a transmis aux provinces des frontières, en effluves généreux, ces sentiments de solidarité réciproque, germe du patriotisme : les frontières à leur tour ont développé ces sentiments dans les pays du centre, par l'exemple de leur dévouement toujours prêt et de leur sollicitude jalouse de l'honneur national et de l'intégrité de notre sol.

II

LA DÉFENSE DE LA VALLÉE DE LA SEINE DE MELUN A NOGENT

Par décret du 20 janvier, Napoléon donna au général Pajol, avec le titre de général commandant la 2e division de réserve, à Melun, la mission importante d'organiser la défense de la vallée de la Seine de Melun à Nogent. Il eût été impossible de confier cette œuvre périlleuse et difficile à de meilleures mains. Partisan enthousiaste des principes de la Révolution, auxquels il demeura toujours fidèle, Pajol s'était engagé en 92 dans un bataillon de volontaires pour courir à la défense du territoire. Il se fit remarquer à chaque combat par une action d'éclat, et Kléber, bon connaisseur en cette matière, se l'attacha comme aide-de-camp. Tous ses grades furent conquis à la pointe de l'épée et au prix de dix blessures. Général de cavalerie, il sut se distinguer non seulement par son intrépidité au milieu d'une armée où le courage et la bravoure étaient monnaie courante, mais encore par son intelligence alerte, et l'à-propos avec lequel il appliquait sans hésiter dans les circonstances les plus difficiles les vrais principes de l'art militaire. Ce général accompli, à peine en convalescence des blessures reçues au mois d'octobre précédent à Wachau, où il avait été laissé pour mort, le bras gauche cassé et les côtes fracturées, prit possession de la tâche qui lui était assignée avec une promptitude de décision, une énergie et une activité remarquables.

Pajol ne disposait que de forces presque insignifiantes (une faible division de garde nationale et un corps de cavalerie d'un effectif extrêmement réduit), pour exécuter les instructions qui lui enjoignaient de la façon la plus positive de faire garder, jusqu'à la dernière extrémité par son infanterie, tous les ponts de la Seine et du Loing, et de faire refouler par sa cavalerie l'avant-garde de l'armée de Schwartzenberg en marche sur Paris. Son corps d'armée était organisé, sur le papier, à vrai dire, de la manière suivante :

1° Une division de garde nationale qui devait se rassembler à Montereau, sous les ordres du général Pacthod ;

2° Une batterie d'artillerie ;

3° Une division de cavalerie, composée des dépôts des régiments de chasseurs, de hussards et de dragons dont les escadrons de guerre étaient à l'armée de l'Espagne. Cette division, en formation à Versailles, devait comprendre, avec le général de brigade Grouvel ;

Le 2ᵉ régiment provisoire de dragons, commandé par le colonel Séguier et les chefs d'escadrons Millardin et Cécire ;

Le 5ᵉ régiment provisoire de dragons commandé par le colonel Canovas Saint-Armand et les chefs d'escadrons Montonnet et Perrey ;

Le 6ᵉ régiment provisoire de cavalerie légère, commandé par le colonel Nicolas et les chefs d'escadrons Pascal et Polowski.

Arrivé le 21 janvier à Melun, point de concentration des troupes sous ses ordres, le général Pajol n'y trouva encore que trois à quatre cents cavaliers. Le lendemain, il transporta son quartier général à Nogent-sur-Seine, afin de pouvoir reconnaître avec soin le terrain dont la défense lui était confiée, et étudier de près les principaux points stratégiques. Le ministre de la guerre, duc de Feltre, avait mis à sa disposition pour la direction des travaux à exécuter le chef de bataillon du génie Durivau, directeur des études à l'école polytechnique, homme d'un grand savoir et d'un esprit pratique et judicieux.

Le général avait formé le projet de décider sur place, de concert avec cet officier, l'établissement d'ouvrages défensifs indispensables pour mettre les différents ponts à l'abri des entreprises de l'ennemi, dont ils devaient être tout d'abord l'objectif. Dans ce but il fallait soit les barrer par des palissades, soit installer d'autres ouvrages appropriés à la configuration du terrain, soutenus le cas échéant par les maisons les plus voisines, crénelées à cet effet. Quant à l'exécution des divers travaux de fortification passagère ainsi arrêtés, elle serait confiée aux ingénieurs des ponts et chaussées, mis par le gouvernement à la disposition de l'autorité militaire dans l'intérêt de la défense du territoire. Pajol avait en outre résolu de se mettre en rapport avec les sous-préfets et les maires afin de réchauffer leur zèle, de hâter l'organisation des gardes nationales, et de s'entendre avec eux au sujet très important des transports, des vivres et des réquisitions de toute nature.

Napoléon avait ordonné, dès le 25 janvier, au duc de Valmy, Kellermann, de prendre sans retard toutes les mesures nécessaires pour la défense non moins importante, de la vallée de la Marne, et de la portion septentrionale de notre département. Il eut pour instructions de lever partout les gardes nationales et de barricader les bourgs et les villes qui avaient des ponts sur la Marne. Il devait notamment concentrer les gardes nationaux à la Ferté-sous-Jouarre et à Meaux et y accumuler les denrées alimentaires du pays. En outre, le général Bordesoulle était chargé de réunir le noyau et de préparer la formation de deux divisions de cavalerie à Meaux.

De son côté, le général Pajol n'avait encore à sa disposition que le quart de l'effectif de sa cavalerie, dont les hommes, manquant de tout, sans manteaux, supportaient courageusement sous leurs petites vestes les rigueurs de la saison.

La garde nationale de Seine-et-Marne était presque toute pourvue de fusils et de gibernes, mais n'avait point reçu de cartouches. Le capitaine Biot composait à lui seul tout l'état-major de Pajol, qui n'avait ni chirurgiens, ni officiers d'administration.

En présence de cette pénurie, le général loin de perdre courage, redouble d'énergie et d'activité. Avant de quitter Melun, le 23 janvier, en compagnie du commandant Durivau, il commande de couper une des arches du premier pont tenant à la rive gauche de la Seine, de créneler le moulin et les maisons à droite et à gauche : la défense de ce passage important devait être confiée à quatre cents gardes nationaux Melunais. A Moret, puis à Nemours, après une inspection attentive des localités, il prend la résolution de faire couvrir les ponts par des palissades et de créneler les maisons voisines pour abriter des tirailleurs chargés d'en défendre l'approche. Enfin, prévoyant le cas où le passage serait forcé, il prescrit de miner ces ponts pour les faire sauter après les avoir défendus jusqu'à la dernière cartouche.

Cependant, par suite de la désorganisation générale où l'invasion trouvait les forces militaires du pays, les secours promis à Pajol n'arrivaient pas : il attendait en vain les outils nécessaires à ses sapeurs improvisés, la poudre indispensable pour charger ses fourneaux de mines, le dépôt de Versailles n'envoyait guère de cavaliers : la division arrivait à peine à l'effectif minime de 33 officiers et 1,016 hommes, qui augmenta sensiblement toutefois par la suite.

Le 24 janvier, le général Pacthod reçut l'ordre de se rendre immédiatement à Montereau et d'y organiser les gardes nationales de cette ville et de Fontainebleau.

A Moret, Montereau, Bray et Nemours, Pajol et M. Durivau, récemment promu lieutenant-colonel, avaient arrêté et établi le tracé des ouvrages de défense appropriés à chaque localité : ils avaient remis des ordres, par écrit, minutieusement détaillés, aux ingénieurs des ponts-et-chaussées qui s'étaient chargés d'exécuter ces fortifications, à défaut de troupes du génie. Dans ces circonstances difficiles, comme toutes les fois qu'il s'agit de se dévouer à la patrie ou à une œuvre de salut public, cet admirable corps des ingénieurs faisait preuve d'un zèle et d'une énergie dignes des plus grands éloges. Le directeur général, M. Costaz, venait d'envoyer de Paris cinq élèves ingénieurs qui s'étaient adjoints aux ingénieurs ordinaires. La distribution du service était la suivante : M. Eustache, ingénieur en chef, chargé de la haute direction des travaux, résidait à Melun. MM. Grétry et Molines, ingénieurs ordinaires, à Bray et à Nemours. Les élèves-ingénieurs étaient en mission : M. Baudesson, à Melun; M. de Besson, à Montereau; M. Courant, à Souppes; M. Bedigier, à Moret. Tous travaillaient sans épargner leurs peines à des ouvrages qui ne leur étaient guère familiers, mais ils suppléaient par leur bonne volonté et leur zèle laborieux à l'expérience qui leur faisait défaut. Ils adressaient régulièrement des rapports au général Pajol et à M. Eustache, à Melun, et se plaignaient beaucoup du manque d'outils, d'argent pour payer les ouvriers, et même d'ouvriers, les campagnes ayant envoyé tous les hommes valides à l'armée ou à la garde nationale. Dans ces conditions défavorables, les travaux n'allaient qu'avec lenteur, malgré l'activité dévorante de Pajol. Toutefois, le 1er février, à Souppes, Nemours, Moret et Montereau, les arbres avaient été débités et charriés à pied d'œuvre; les charpentiers travaillaient à les assembler en palissades ou en barrières ; on avait miné le pont de Grez, peu solide et d'ailleurs peu nécessaire entre Moret et Nemours; à Bray, on était également en mesure de faire sauter le pont dont la défense aurait exigé trop de troupes, tandis que cent cinquante travailleurs retranchés à la tête du pont sur la rive droite et dans les maisons voisines devaient suffire pour en empêcher la reconstruction.

Cependant Schwarzenberg lançait en avant à de grandes distances des reconnaissances de cavalerie, et, dès le 4 février, un parti de Cosaques avait paru non loin de Nemours. L'inquiétude se faisait sentir à Paris, et le roi

Joseph appelait l'attention du général Pajol sur la défense de la ligne du Loing, depuis Moret jusqu'à Souppes. Mais Pajol veillait constamment et se multipliait; il haranguait les gardes nationaux et exhortait leur zèle patriotique à tenir jusqu'à la dernière extrémité derrière leurs retranchements; il envoyait dans tous les sens des éclaireurs de cavalerie qui le tenaient au courant des progrès de l'ennemi. Le 5 février, il transporta son quartier général à Montereau.

A cette époque, grâce aux renforts reçus, les troupes placées sous son commandement en Seine-et-Marne comprenaient :

1º Une brigade de régiments provisoires de chasseurs (15 officiers et 445 cavaliers);

2º Une brigade d'infanterie, composée du 2ᵉ régiment de Cherbourg (600 hommes), plus deux bataillons (800 hommes); en tout 1,400 hommes.

Ces deux brigades commandées par le général Delort.

3º Une brigade de régiments provisoires de dragons (21 officiers et 445 cavaliers), général Grouvel ; } A Montereau

4º Trente bataillons de garde nationale, soit 3,000 hommes, sous les ordres du général Pacthod ;

5º 506 gendarmes commandés par le capitaine Dourtre; } A Montereau ou dans les environs.

6° Une brigade de régiments provisoires de hussards (19 officiers et 339 cavaliers), général du Coëtlosquet ;	Tantôt à Nemours Tantôt à Montereau.
7° 340 gardes nationaux, 64 hommes de la jeune garde et 2 pièces de canon, sous le commandement d'un capitaine de l'école militaire de Fontainebleau.	A Nemours.

A la même date du 5 février, les travaux de défense des ponts étaient assez avancés.

A Souppes, le pont était détruit.

A Nemours, le pont était complétement barré, on mettait la dernière main aux bas-côtés du tambour et aux barricades qui fermaient toutes les issues de la ville.

A Grez, on travaillait à couper le pont ; l'ingénieur, M. Molines, tentait de submerger les gués de la rivière depuis Nemours, par la rupture des digues des étangs du canal.

A Moret, les portes en madriers massifs du grand pont étaient entièrement terminées et mises en place ; on travaillait aux tranchées et aux abatis qui devaient couvrir le faubourg, et on commençait la barricade du pont du canal.

A Montereau, on avait achevé les palissades et les barrières du faubourg du Gâtinais et du pont de l'Yonne ; on allait terminer le même jour celles du faubourg Saint-Maurice et des deux rues, donnant sur la campagne ainsi que les tranchées qui suivaient le cours de l'Yonne, et les fourneaux de mine des deux ponts.

Le général Pajol espérait que trois jours encore suffiraient pour que les travaux prescrits fussent partout complètement exécutés. Bien que ses blessures récentes se fussent rouvertes, il passait ses journées à cheval et surveillait tout par lui-même. Le 8, laissant en réserve les 3,000 gardes nationaux du général Pacthod, répartis entre Moret, Montereau et Fossard, il s'avança avec sa cavalerie jusqu'à Pont-sur-Yonne, afin de manifester sa présence et d'imposer aux éclaireurs de l'ennemi, dont l'audace croissait de jour en jour. Un détachement de 2,000 Cosaques, occupant Joigny, venait de lancer cinq ou six cents cavaliers du côté de Nemours; une autre bande de Cosaques avait paru à Souppes, mais sans pouvoir s'en emparer, grâce aux fortifications et à la contenance énergique de la garde nationale.

Le 16 février, le général Pajol qui n'avait cessé d'encourager le zèle infatigable des ingénieurs des ponts et chaussées, fut avisé que tous les ouvrages prescrits étaient achevés et tous les points importants mis en état de défense. Les travaux du pont de Moret étaient terminés, mais les ponts du canal, situés au-dessus et au-dessous de la ville, avaient mis obstacle à la fortification du faubourg d'Ecuelles, qu'on avait dû se borner à couvrir par une palissade établie en amont, qui interdisait l'accès de la langue de terre resserrée entre le canal et la rivière.

A Grez, le pont était miné, et un tambour, élevé derrière, en protégeait les abords; le gué voisin de la ville avait été détruit.

On avait complètement clos Nemours par trois fortes barrières, placées l'une sur le pont des Récollets, route de Beaumont, la deuxième sur le pont du canal, route de Paris, la troisième sur le grand pont. Les parapets de ce dernier avaient été surélevés pour couvrir les tirailleurs. Sur la rive droite, il avait fallu renoncer à protéger le faubourg des Tanneurs, trop difficile à défendre à cause de ses issues nombreuses.

Quant au pont de Souppes, précédemment détruit, les Cosaques y avaient déjà vainement tenté un coup de main, qu'ils renouvelèrent le 10 février avec plus de succès. Ils rétablirent le passage, mais ne s'y maintinrent pas longtemps. Un détachement commandé par le capitaine Boguy les en chassa et rompit le pont de nouveau. C'était la première marque sensible de sa présence que donnait l'ennemi au département de Seine-et-Marne. On s'en émut à Melun, et le préfet, comte de Plancy, pria le général Pajol d'envoyer de fortes reconnaissances du côté de Nemours et de Souppes. Ces patrouilles furent confiées à la direction du colonel Lavigne, commandant de l'école d'instruction de la garde à Fontainebleau.

Dans les premiers jours du mois de février, Napoléon avait prescrit la formation du 7e corps d'infanterie. Ce corps, que devait commander le maréchal Oudinot, eut pour noyau la division Rothembourg avec laquelle ce maréchal se rendit à Provins, où il se proposait de compléter l'organisation de son corps d'armée avec les divisions Leval et Boyer de Rebeval qu'on attendait d'Espagne.

Le 9 février, le maréchal Macdonald, qui arrivait de Maëstricht, constamment serré de près par l'ennemi, se retira tout en combattant sur La Ferté-sous-Jouarre avec son arrière-garde. L'armée renforcée d'environ deux mille hommes de nouvelle recrue jetés dans les cadres de trois bataillons aux ordres du général Minot, occupait déjà la ville. Soudain l'avant-garde des Russes du général Sacken, qui espérait y entrer le premier, déboucha par la route de Montmirail et assaillit avec tant d'impétuosité les divisions Brayer et Molitor, postées à quatre kilomètres en avant de la ville, qu'elles furent obligées d'abord de se replier. Mais bientôt la division Albert, qui bivouaquait sur la route de Meaux, s'élança à leur secours et vint rétablir le combat. Après plusieurs charges énergiques où les brigades Bigarré, Schœfer et Beauvais luttèrent de valeur, les Russes furent repoussés avec une perte de quatre cents hommes.

Le lendemain, 10 février, Macdonald fit sauter le pont de La Ferté-sous-Jouarre et se retira sur Meaux par Trilport, dont il rompit également le pont; à Meaux, il trouva un camp de huit mille gardes nationaux et s'occupa immédiatement de réorganiser, avec ces auxiliaires, son corps d'armée qui comprenait à peine neuf mille hommes.

Malheureusement il se laissa absorber par ses occupations administratives, et négligea, lors des affaires de Champaubert et de Château-Thierry, de tomber sur les derrières de l'ennemi pour rendre la victoire plus complète, ainsi que Napoléon le lui avait envoyé dire, par la route de La Ferté-Gaucher. Il se borna à détacher le général Saint-Germain avec sa cavalerie, dont l'intervention ne pouvait pas avoir grande efficacité.

En marchant contre l'armée de Silésie, Napoléon chargea le maréchal Oudinot de commander en chef les troupes laissées dans la vallée de la Seine en présence de Schwarzenberg. Par suite le général Pajol se trouvait momentanément aux ordres de ce maréchal et devait combiner ses mouvements avec les siens.

Les reconnaissances hardies que les Cosaques faisaient en force commençaient à prendre le caractère de véritables expéditions ; c'est ainsi que, de Courtenay, Platow marchait sur Nemours et Fontainebleau avec 6,000 cavaliers et dix pièces de canon. Le maréchal Oudinot, se dirigeant sur Montereau, avait trouvé la route encombrée de partis ennemis et avait dû se concentrer à Provins. Il était temps pour Pajol de se replier s'il ne voulait être tourné.

Le 10 février, à une heure de l'après-midi, il évacua Pont-sur-Yonne avec toutes ses troupes et se porta sur Fossard, où il parvint à dix heures du soir. Là rejoignirent 800 gendarmes à pied arrivant d'Espagne. Pajol lança sur la route de Bray la brigade de hussards du général du Coëtlosquet (339 cavaliers), avec la recommandation de s'éclairer avec la plus grande circonspection, l'ennemi ne pouvant être bien loin. Ces prudentes instructions ne furent pas suivies, et l'avant-garde tombant inopinément, à Ville-Saint-Jacques, au milieu d'un parti de Cosaques, fut ramenée sur la brigade la lance dans les reins. Le général du Coëtlosquet, craignant d'avoir affaire à des forces supérieures, se replia sur Montereau, où il fut réprimandé de son imprudence par Pajol, qui, pour ne pas rester sur cet échec, envoya pendant la nuit cent gendarmes d'Espagne à Ville-Saint-Jacques où les Cosaques se reposaient sur leurs lauriers. Leur bivouac fut assailli à l'improviste à une heure du matin; les gendarmes en massacrèrent un grand nombre à l'arme blanche et rentrèrent à Fossard sans être inquiétés.

Le lendemain, 11 février, on apprit que l'ennemi tenait la route de Fossard à Moret et menaçait la ligne du Loing. Comme il était peu probable que les alliés oseraient tenter une marche de flanc, la plus périlleuse de toutes, en laissant sur leurs côtés des troupes françaises assez importantes, le général résolut de se maintenir à Montereau et à Fossard. Le même jour, les généraux Alix et Montbrun, contraints d'évacuer Sens et Pont-sur-Yonne investis par des forces dix fois supérieures, rejoignirent Pajol à Montereau. En même temps, l'ennemi avait attaqué Nemours et Moret, mais avait été repoussé avec pertes; il s'était jeté sur nos avant-postes entre Fossard et Moret; nos soldats avaient tenu ferme et il avait dû se replier. Il fut plus heureux à Bray, dont il finit par s'emparer malgré la valeureuse résistance de la garnison, qui dut battre en retraite sur Marolles.

La position des troupes françaises sur la vallée de la Seine devenait très critique : aussi Pajol reçut-il comme renforts 600 cavaliers et 200 fantassins, qui arrivèrent à Melun le 12 février et furent envoyés sur le champ à Fontainebleau. On dirigea également sur cette ville la brigade Lagrange, composée de quatre bataillons de la Garde et quatre pièces d'artillerie.

Le 12 février, l'armée de Schwarzenberg occupait Bray-sur-Seine, et menaçait Nemours, Moret et Fontainebleau. Pajol cependant se maintenait toujours à Montereau, où il hâtait l'achèvement des ouvrages défensifs du rond-point, de la levée et du polygone. On avait miné l'arche du pont dite de la *Tourne-Gueule*, de l'ancienne chaussée des arches, et placé une batterie de deux pièces à l'angle sud-ouest de la manufacture de faïences, dont les murs d'enceinte étaient crénelés. Pajol avait disposé ses troupes dans la ville et sur les collines qui sont derrière; le général Alix posta l'une de ses brigades dans les vergers à droite de la digue, et l'autre sur la zone comprise entre cette digue et l'Yonne : près de l'ancien pont deux pièces de canon étaient en position, sous la garde de deux cents hommes. Pour se diriger sur Paris, l'ennemi devait enlever cette position, et culbuter non-seulement le corps de Pajol, mais encore celui d'Oudinot, qui, pour couvrir Montereau et arrêter l'avant-garde des alliés arrivant par Bray, s'était porté de Provins à Donnemarie.

Cependant les alliés, forts de leur masse imposante, faisaient des progrès constants, le général Hardegg notamment marchait sur Fontainebleau; les Cosaques ravageaient le territoire compris entre l'Yonne et le Loing et harcelaient sans relâche les avant-postes de Pajol. Mais le danger le plus redoutable était du côté de Bray, où se portait l'effort principal de Schwarzenberg.

Le 13, le général de Wrède rétablit le pont de Bray et y passa la Seine. Il apprit que les troupes françaises occupaient Saint-Sauveur-lès-

Bray; c'était le maréchal Oudinot, qui, instruit de la prise de Bray, avait résolu de se diriger le 12 sur Donnemarie pour essayer de contrarier le passage de la Seine par les troupes alliées.

Aussitôt de Wrède dirige la division Lamotte sur la route de Donnemarie et envoie deux régiments de cavalerie sur Everly pour garder la route de Provins. La division Lamotte se présentant avec des forces supérieures, obligea les Français à évacuer Saint-Sauveur. Néanmoins, le général bavarois ne se crut pas assez fort pour attaquer de front le maréchal Oudinot qui avait l'avantage de la position sur les hauteurs de Cuterelles; il prit le parti plus prudent de porter sur Luisetaines huit cents fantassins et sept cents cavaliers pour la tourner par la gauche. Un combat très vif s'engagea à Luisetaines, où les Français se maintinrent énergiquement. Mais les Bavarois ayant reçu des renforts considérables, les contraignirent de se replier jusque sur les hauteurs de Donnemarie. Cependant Oudinot établi à Cuterelles y résistait vaillamment aux efforts acharnés de de Wrède, lorsque ce dernier fut averti que la division Hardegg était vivement pressée sur les hauteurs de Paroy par une forte colonne française. Ces troupes dépendaient du corps du maréchal Victor, qui en évacuant Provins, avait divisé ses forces en deux colonnes, l'une sur la route de Nangis, l'autre sur celle de Donnemarie pour soutenir le maréchal Oudinot. La nuit arrivait, et de Wrède rendu plus circonspect, dut renoncer à poursuivre son attaque sur Cuterelles. Il se contenta d'envoyer des renforts aux troupes qui occupaient le point important de Luisetaines et répartit son corps en trois groupes, le premier, de Vimpelles à Luisetaines, le deuxième en seconde ligne derrière le ruisseau de la vieille Seine, le troisième à Everly.

Après avoir opéré leur jonction, Oudinot et Victor se mirent en retraite pendant la nuit sur Nangis, où ils parvinrent le 14 sans autre incident.

A la suite de ces événements, la Seine se trouvait au pouvoir de l'ennemi jusqu'à Montereau, où Pajol risquait fort d'être coupé du reste de l'armée. Il eût été même téméraire de rester à Montereau ; aussi prudent que brave, il n'hésita pas à rallier toutes ses troupes et à évacuer Montereau le 14 févrrier à l'aube, après quoi il fit sauter les ponts de l'Yonne et de la Seine. Il serait impossible de peindre la douleur des braves habitants de Montereau en voyant la retraite des troupes françaises : d'avance ils étaient résolus à tous les sacrifices pour disputer à l'étranger l'accès de leur cité, et ils eussent de beaucoup préféré les hasards de la guerre à l'humiliation d'être pris sans coup férir. Un grand nombre de ces courageux citoyens durent enfouir dans des cachettes les fusils de chasse préparés pour la défense de leur foyer, et accompagnèrent, la mort dans l'âme, le dernier soldat français jusqu'aux portes de la ville.

Pajol n'avait pas le choix de la direction à suivre : il fallait renoncer à rejoindre Oudinot et Victor, car la route de Nangis était au pouvoir de l'ennemi : il déboucha par la route de Melun. Le soir du 14, toutes ses troupes bivouaquèrent au Châtelet dans de tristes conditions, étant dépourvues de tout ustensile de campement.

Le 14 février, les troupes françaises avaient abandonné toute la ligne de la Seine de Nogent à Moret. Nemours et Moret tenaient toujours, grâce à la vaillante tenacité des gardes nationaux de Seine-et-Marne, qui rivalisaient d'entrain et de solidité avec les troupes de ligne. Le général avait prescrit de se maintenir jusqu'à la dernière extrémité dans ces deux points qui couvraient seuls Fontainebleau. Le colonel Lavigne faisait barricader cette ville pour prévenir un coup de main des Cosaques, qui avaient déjà attaqué La Chapelle-la-Reine, mais avaient été repoussés.

Les alliés nous suivaient pas à pas et nous remplaçaient sur toutes les positions que nous quittions. Le 14, ils rétablissaient les ponts de Montereau; à deux heures, deux bataillons wurtembergeois faisaient leur entrée dans Montereau par la route de Bray ; à quatre heures, ils furent suivis par un régiment de landwehr, et le lendemain par les deux régiments autrichiens de Zach et de Colloredo, composés de 4 bataillons chacun. C'était l'avant-garde du maréchal de Wrède.

Les maréchaux Oudinot et Victor, menacés par des forces importantes venant de Provins et de Bray, prirent la résolution de se replier derrière la rivière d'Yères, à Brie-Comte-Robert, de se faire rejoindre par le corps de Pajol, et là, forts de l'avantage de la position et de la concentration de toutes leurs troupes, de disputer énergiquement le passage à l'ennemi en attendant Napoléon.

Les deux maréchaux évacuèrent Nangis le 15 au matin, et Pajol, conformément aux ordres d'Oudinot, se porta le même jour sur Evry-les-Châteaux par la route de Brie-Comte-Robert.

Le soir du 15, les troupes françaises étaient réparties de la manière suivante :

Le maréchal Victor à Chaumes, ayant sa gauche appuyée à Fontenay-Trésigny, sa droite à la forêt de Sénart ;

Le maréchal Oudinot à Guignes, sur la grande route de Paris, ayant ses avant-postes à Mormant et son quartier général à Ozouer-le-Voulgis ;

Le maréchal Macdonald, qui était arrivé le même jour de Meaux pour les renforcer, avait pris position sur la droite du duc de Reggio et placé son quartier général à Solers ;

Pajol, avec 7,000 hommes, à Evry-les-Châteaux ; un détachement de 400 hommes avec deux pièces de 4 avait été laissé à la garde de Melun dont on avait fait sauter le pont ; à Réau, le général Alix avec 2,000 hommes et huit canons ; la cavalerie se tenait à Moissy-Cramayel, Lissy et Limoges-Fourches. Pajol communiquait avec Melun par Lieusaint et avec Oudinot et Victor par Mormant, Crisenoy et Champdeuil.

Les forces de Schwarzenberg, qui pressaient sans relâche l'armée française, étaient ainsi disposées :

Le corps de Bianchi s'était porté à Moret et le corps de Wurtemberg s'était développé entre Bray et Montereau. Le général de Wrède, apprenant l'évacuation de Nangis, y avait envoyé la division Lamotte et un régiment de hussards. L'avant-garde du général Pahlen s'était dirigée sur Maison-Rouge, envoyant à Nangis le général Rudinger avec un détachement.

A Provins était le prince de Wittgenstein, dans la forêt de Fontainebleau, Colloredo, à Bray, Barclay de Tolly avec les gardes prussienne et russe ; soit en tout 30,000 hommes à Nangis, Provins et Bray, 10,000 à Montereau et 5,000 dans les environs de Fontainebleau.

L'armée de Bohême poussait ses avant-postes jusqu'à Mormant et Melun ; Paris, on le voit, était dans le plus pressant danger.

Il était temps que Napoléon se portât au secours des corps d'armée sur la Seine, c'est ce qu'il fit avec sa promptitude de décision habituelle. Le 15 il quitta Montmirail, et vint coucher à Meaux ; le 16, il entra en ligne près de Guignes avec les corps de Ney, de Gérard et de Macdonald.

Ce fut en grande partie au dévouement spontané, à l'empressement patriotique des populations rurales de Seine-et-Marne que l'empereur dut de pouvoir arriver en temps utile devant l'armée de Schwarzenberg. A peine ses troupes eurent-elles quitté Meaux pour se diriger sur Guignes par Crécy-en-Brie et Fontenay-Trésigny, que la route se couvrit de charrettes conduites par des paysans des villages voisins, qui sollicitèrent des officiers l'autorisation de recueillir dans leurs véhicules nos soldats harassés. Le temps était si précieux que cette facilité avait un double avantage : tout le monde fut bientôt en voiture avec armes et bagages, doublant les étapes rapidement et sans fatigue. Depuis midi on se battait dans la plaine de Guignes. Victor et Oudinot n'avaient pu conserver le chemin de Chaumes, et la colonne de Napoléon s'y heurta avec les tirailleurs ennemis. On dut faire faire un détour aux bagages pour qu'ils parvinssent plus sûrement à Guignes : on leur fit descendre la petite rivière d'Yères jusqu'au pont des *Seigneurs ;* une heure plus tard la jonction de nos deux corps d'armée eût été compromise.

Napoléon établit le 16 son quartier général à Guignes dans la soirée, et fit annoncer aux troupes qu'on allait reprendre l'offensive. Cette nouvelle et la présence d'un chef habitué à vaincre ranima tous les courages.

Le lendemain, 17 février, l'armée française reprit l'offensive sur toute la ligne. Elle avait déjà commencé la veille sur Melun, où s'était porté le général Alix. Le 15, la faible garnison que nous y avions laissée avait dû se replier devant des forces supérieures et, dans la matinée du 16, deux détachements de Cosaques et de Wurtembergeois étaient venus préparer des logements pour un corps nombreux. Tandis que les officiers, avec leur arrogance ordinaire, exigeaient des réquisitions et imposaient leurs conditions à l'hôtel de ville, un homme de cœur, habitant de Melun, M. Debeyne, courut en toute hâte chercher les Français, qui bivouaquaient dans les bois de Montaigu. Trente ou quarante dragons et chasseurs montèrent à cheval et faisant irruption à l'improviste, chassèrent de Melun et ramenèrent grand train Wurtembergeois et Cosaques sur la colonne qu'ils précédaient. Intimidée par le récit des fuyards, elle n'osa pas dépasser Le Châtelet. A la même date du 16 février, la division Alix faisait son entrée à Melun, que Pajol traversa le lendemain avec tout son corps d'armée, se portant sur Montereau. En sortant de Melun, nos éclaireurs prirent contact avec les avant-postes ennemis. Le général Pajol les refoula sur-le-champ, à la tête d'un escadron de chasseurs qui poussa une charge jusqu'à l'Ecluse, où il dut s'arrêter devant seize escadrons et un bataillon. Pajol fit activer aussitôt la marche de son infanterie; mais comme la nuit tombait, il prit position au petit Châtelet.

Du côté de l'ennemi, on songeait à être plus circonspect. Le général Wittgenstein fut blâmé, dans la nuit du 16 au 17, par le prince de Schwarzenberg, de s'être avancé au-delà de Nangis. Il reçut l'ordre de se retirer le lendemain à la pointe du jour sur Provins, et de ne laisser à Nangis que ses avant-postes. Conformément à ces instructions, Wittgenstein évacua Nangis le 17, de bonne heure, prescrivant au général Pahlen de se replier aussi en dissimulant sa retraite derrière un rideau de cavalerie.

Cependant nos troupes se mettaient en mouvement et avançaient par Guignes. Parvenu à Pecqueux, Napoléon aperçut l'ennemi; c'était l'avant-garde du général Pahlen qui se disposait à battre en retraite suivant l'ordre reçu. Saisissant l'avantage du terrain, qui a la forme d'un plateau assez étendu, l'empereur disposa sur le champ ses troupes pour le combat. Le maréchal Victor répartit son corps devant Pecqueux, la division Châtaux à droite, la réserve de Gérard au centre, et la division Duhesme à gauche; Kellermann, avec les divisions Lhéritier et Treilhard, se porta à l'aile droite; le général Milhaud avec les divisions

Briche et Piré, à l'aile gauche; les 11e et 7e corps furent placés en réserve; l'infanterie et la cavalerie de la garde restèrent à Guignes. De son côté, le général Pahlen avait tout d'abord déployé ses troupes, qui comprenaient huit bataillons, douze escadrons et deux régiments de Cosaques, soit quatre mille fantassins et deux mille cavaliers. Il rangea son infanterie derrière Mormant, sur les ailes plaça dix escadrons et les deux régiments de Cosaques, conservant deux escadrons en réserve. Mais bientôt, prenant le parti plus prudent de battre en retraite, il commença à se replier, protégeant son mouvement par des tirailleurs en échelons. Alors Victor se porta au pas de course sur Mormant, tandis que Kellermann faisait sur la droite un mouvement tournant avec sa cavalerie, et que Milhaud exécutait sur la gauche une manœuvre semblable. La brigade Subervic, sur la droite, dispersa les tirailleurs de l'ennemi; de son côté le général Gérard, enlevant les soldats du 32e, entra baïonnette en avant dans Mormant. Le général Pahlen, faisant former le carré à ses troupes, reculait en perdant beaucoup du monde devant la furie de l'attaque. Pour achever la victoire, Napoléon fit avancer le général Drouot avec trente-six bouches à feu de la garde. Pahlen cependant était près d'arriver à Grandpuits, où il espérait être secouru par l'avant-garde du général de Wréde, qui occupait encore Nangis sous le commandement du général Antoine Hardegg, et dont la cavalerie, hussards de l'archiduc Ferdinand et hulans de Schwarzenberg, était même en avant, à Bailly. Mais un feu écrasant d'artillerie vint changer la retraite en déroute, tandis que Hardegg, loin de porter secours à Pahlen, évacuait lui-même prudemment Bailly et Nangis. La cavalerie russe, rompue par les charges de Milhaud et de Kellermann, les carrés dispersés ne songeaient plus qu'à se rendre. Un bataillon qui tenta de se réfugier derrière le marais d'Ancœur fut cerné par nos dragons et forcé de mettre bas les armes. La cavalerie se lança à fond de train à la poursuite des fuyards et rejoignit même les hussards et hulans de Hardegg qu'elle coupa et dispersa en tous sens. Pahlen avec le reste de son monde se porta précipitamment sur Provins, Hardegg sur Valjouan et quelques-uns des corps débandés sur la route de Donnemarie.

Les alliés eurent dans cette affaire un millier d'hommes hors de combat, perdirent trois mille des leurs faits prisonniers, et onze pièces sur douze des deux batteries à cheval du colonel

Markow, sans compter quarante voitures de vivres et de munitions.

Napoléon était trop habile pour ne pas poursuivre ses avantages. Laissant à Nangis la garde à pied et à cheval qui s'était surmenée, Victor avec le 2ᵉ corps, la division Lhéritier et cinq cents cavaliers récemment arrivés du dépôt de Versailles, marcha sur Villeneuve-les-Bordes, ayant pour instructions de pousser jusqu'à Montereau. Macdonald avec le 11ᵉ corps et les divisions Briche et Piré, se porta sur Donnemarie. Oudinot se dirigea sur Provins avec le 7ᵉ corps et la division Treilhard. Ce dernier corps s'arrêta toutefois à Maison-Rouge. Le général Wittgenstein avait seulement traversé Provins, en y laissant son arrière-garde, et s'était établi à Sourdun. Macdonald arriva jusqu'à Meigneux, où il répartit ses troupes avec la cavalerie en première ligne ; il avait ramassé chemin faisant un grand nombre de traînards de la division Hardegg.

Quant à la division bavaroise Lamotte, elle s'était repliée de Nangis sur Villeneuve-les-Bordes. Le maréchal Victor en entrant dans Valjouan, vers trois heures de l'après-midi, prit contact avec cette division, à laquelle s'étaient ralliés les débris de la division Hardegg. Ces troupes étaient déployées en bataille, à cheval sur la route, tenant Villeneuve avec un bataillon, l'aile droite formée par une brigade de cavalerie. Le général Gérard, commandant l'avant-garde, dirigea un bataillon du 86ᵉ directement sur Villeneuve, faisant tourner en même temps cette position par un escadron de cavalerie légère aux ordres du général Bordesoulle. De sa personne, il se porta sur la gauche avec sa division pour couper à l'ennemi la route de Donnemarie. Villeneuve fut emportée à la baïonnette et le bataillon qui l'occupait, décimé, se rejeta dans le bois, d'où sortirent un autre bataillon et un gros de cavalerie qui tinrent tête au 86ᵉ, tandis que le reste de l'infanterie ennemie se repliait. C'était pour la cavalerie le moment de charger. Le général Lhéritier, commandant une partie des dragons de Milhaud, restait cependant en bataille, laissant défiler impunément l'infanterie bavaroise, qui par une marche de flanc à travers un terrain découvert, cherchait à gagner les bois. Heureusement le général Bordesoulle, chargeant à la tête de deux escadrons de cuirassiers, recrues du dépôt de Versailles, vint réparer cette incompréhensible inaction. L'infanterie ennemie fut rompue et eut plus de trois cents hommes mis hors de combat. Le général bavarois, renonçant à résister plus longtemps, battit en retraite par la route de Donnemarie. Mais le général Gérard, guidé par un habitant du pays, dont on doit admirer le dévouement patriotique, avait suivi la lisière des bois et tomba inopinément à la baïonnette sur le flanc de la division Lamotte. Cette attaque impétueuse acheva de désorganiser les bataillons bavarois, qui perdirent 1,500 hommes. Le combat de Mormant et celui de Villeneuve ou de Valjouan, qui en fut le complément immédiat, étant les deux affaires les plus importantes dont le département de Seine-et-Marne fut le théâtre (si on excepte le combat de Montereau auquel nous allons arriver), il est intéressant de les connaître dans tous leurs détails. On n'en saurait trouver de plus complets et de plus exacts que dans les rapports officiels des chefs militaires qui y prirent une part active, le maréchal Victor, et les généraux Kellermann, Milhaud et Bordesoulle.

III

RAPPORT DU MARÉCHAL DUC DE BELLUNE, SUR L'AFFAIRE DE MORMANT LE 17 FÉVRIER 1814

Les troupes de mon commandement étaient en bataille ce matin à cinq heures, devant le village de Pecqueux. Au point du jour, elles se sont mises en mouvement sur trois colonnes. Celle de droite était composée de la 1re division d'infanterie (Châtaux), celle du centre du corps de réserve du général Gérard, et celle de gauche de la division Duhesme. Chacune de ces divisions était flanquée par une division de dragons. Toutes ces troupes marchant dans cet ordre sur Nangis, ont rencontré l'ennemi à une demi lieue de Mormant, fort de douze escadrons, de deux mille hommes d'infanterie et de deux pièces de canon. Il a voulu résister ; mais se voyant bientôt débordé, il s'est replié en toute hâte sur sa réserve qui l'attendait en avant du village de Bailly. S. M. connaît ce qui s'est passé sur ce point et le résultat de l'attaque brillante qui a été faite par nos dragons. La moitié du corps de Pahlen a été prise avec dix à douze pièces de canon. Le reste a fui dans la direction de Provins; cette affaire terminée, j'ai continué ma marche, par ordre de l'empereur, pour me rendre à Montereau; Arrivé à Villeneuve-les-Bordes, nous avons vu un corps ennemi assez considérable rangé en bataille. Je l'ai fait attaquer par le général Gérard et par la cavalerie qui était avec moi. C'était la division Lhéritier, et quatre cents chevaux cuirassiers et chasseurs aux ordres du général Bordesoulle. Cette attaque a été faite avec beaucoup de résolution; mais l'ennemi, fort de son nombre, a opposé une résistance opiniâtre. Cependant les bonnes dispositions du général Gérard le forcèrent à la retraite. Le général Bordesoulle a fait une charge qui a coûté trois à quatre cents hommes aux hulans de Schwarzenberg, ce qui a forcé plusieurs bataillons à jeter bas les armes et à s'enfuir dans les bois. L'ennemi a beaucoup souffert, et j'estime sa perte à deux mille hommes. La nuit tombait lorsque cet engagement a cessé ; les soldats étaient très fatigués, et il ne nous était plus possible de nous rendre à Montereau. J'ai néanmoins porté les deux divisions du 2ᵉ corps et les dragons à Salins, la réserve et la cavalerie de Bordesoulle à Montigny-Lencoup, où je suis moi-même.

De Bellune.

IV

RAPPORT DU COMTE DE VALMY SUR L'AFFAIRE DE MORMANT

La division Treilhard, forte de deux mille chevaux, s'étant à peu près formée, le 4ᵉ régiment de dragons étant en tête de la colonne, attaqua la cavalerie ennemie près de Mormant, et la culbuta; elle tomba ensuite sur les deux bataillons, auxquels elle fit mettre bas les armes après leur avoir enlevé plusieurs pièces de canon. Laissant ses prisonniers et l'artillerie derrière elle, elle poursuivit l'ennemi qui se retirait en pleine déroute. Apercevant une colonne d'infanterie assez forte qui cherchait à s'éloigner, je la fis charger en flanc droit et en queue pendant que le corps du général Milhaud se précipitait sur la gauche. Tout fut sabré ou mit bas les armes, sans qu'aucun homme s'échappât. Dès ce moment le corps dn général Milhaud et la division Treilhard poursuivirent l'ennemi à course de cheval jusque vers Maison-Rouge. De fatigue on s'arrêta. Sans ce contre-temps, je pense qu'on eût été d'une traite à Provins. Après avoir repris haleine on se remit en marche, mais le corps de Milhaud ayant pris une autre direction, il fut impossible de serrer l'ennemi qui avait alors une cavalerie supérieure; on la suivit pas à pas jusqu'au delà du village de Vulaines où le corps fit halte. Le 4e de dragons eut ordre de ne pas quitter l'ennemi qu'il ne fût nuit, ou qu'il n'eût dépassé Provins. La perte du général Treilhard ne s'élève pas au-delà de cent hommes.

Le Général,

COMTE DE VALMY-KELLERMANN.

V

RAPPORT DU GÉNÉRAL BORDESOULLE,
JOINT AU PRÉCÉDENT

En exécution des ordres de votre Excellence, j'ai appuyé le mouvement de son infanterie sur le village de Villeneuve par un escadron de jeunes hussards et chasseurs qui, après y être entré en le tournant par la gauche, y a sabré quelques centaines d'hommes. Il a ensuite chargé un escadron de hussards et quelques hulans, les a culbutés et poursuivis jusque dans le bois où il les a sabrés de nouveau. Un bataillon d'infanterie les a sauvés. Il a donné sur ce bataillon, et lui a tué du monde, mais n'a pu l'entamer à cause de l'épaisseur du bois. Bien que cette infanterie fût dans le plus grand désordre et se soit sauvée en jetant ses armes au moment où j'ai lancé un escadron de cavalerie légère sur le village, je me suis transporté avec mes deux escadrons de cuirassiers sur six cents hulans de Schwarzenberg et hussards de Joseph II. Cette cavalerie me voyant arriver, a repassé sur le côté gauche de la route, où elle a formé une ligne de cinq escadrons. Mes cuirassiers, la plus grande partie recrues de quinze jours, ont franchi la route et sont tombés sur cette ligne, l'ont culbutée dans le bois auquel elle était adossée, et en ont fait un grand massacre. Plus de trois cents ont été sabrés et sont restés sur le champ de bataille. Je n'ai eu qu'un homme tué et douze blessés.

Comte BORDESOULLE.

VI

RAPPORT DU GÉNÉRAL COMTE MILHAUD, SUR L'AFFAIRE DE MORMANT

De Salins, le 17 février.

Hier, à midi, le 5ᵉ corps de cavalerie qui avait détaché la division Lhéritier sur la droite de la route de Nangis, par ordre du duc de Bellune, marchait sur la gauche de cette route avec la division Briche et la division Piré. Un aide-de-camp de l'empereur lui vint porter l'ordre de pousser devant lui avec ses deux divisions, tout ce qui était dans la plaine, et de tourner le flanc droit de l'ennemi. Ce mouvement s'exécuta sans hésiter. La brigade de cavalerie légère du général Subervic fit un mouvement à droite et sabra les tirailleurs de l'infanterie ennemie qui s'étaient avancés dans la plaine, tandis que le général

Piré, avec l'autre brigade, marchait sur quinze escadrons ennemis, ayant en seconde ligne derrière lui la division de dragons Briche. La cavalerie ennemie fut renversée, et son infanterie et son artillerie furent débordées. Pendant ce mouvement très rapide et décisif, la cavalerie Kellermann chargeait sur la route et la droite de la route. Une colonne d'infanterie voulut en vain faire sa retraite en quittant la route pour gagner un village et un marais, la cavalerie légère Piré et la brigade de dragons Ludot enfoncèrent les quinze escadrons ennemis, qui furent obligés d'abandonner l'infanterie, et au moment où deux escadrons du 16e de dragons et du 4e, commandés par le général Kellermann, entraient par la queue du bataillon carré, un escadron du 13e de dragons et un peloton du 6e pénétrèrent par la tête, et c'est au milieu du carré prisonnier que les généraux Kellermann et Milhaud se sont embrassés. La cavalerie légère et la division Briche continuèrent de poursuivre l'ennemi l'épée dans les reins et tuèrent ou prirent plus de cent chevaux ennemis, et sabrèrent beaucoup de hulans, et des Cosaques ont défilé près du bois à gauche de Nangis et près de Maison-Rouge. Douze pièces de canon ont été abandonnées par l'ennemi, et au-delà de trois mille prisonniers ont été le résultat des charges combinées des deux corps de cavalerie. C'est un sapeur du 6ᵉ dragons qui a pris les décorations du général ennemi au milieu du carré. Son nom a été remis à un aide-de-camp de Sa Majesté, et les décorations ont été envoyées à M. le maréchal duc de Bellune. J'aurai l'honneur de faire connaître le nombre des braves militaires qui se sont le plus distingués.

Le général commandant le 5ᵉ corps de cavalerie,

Comte DE MILHAUD

P. S. — La division Lhéritier qui avait été détachée sur la droite de l'armée a eu deux engagements avec les hulans autrichiens et les houzards du prince Joseph ; elle a tué ou pris une cinquantaine d'hommes et de chevaux, et a pris deux officiers.

Après le combat de Villeneuve, le général de Wrède voyant les débris de la division Lamotte le rejoindre en toute hâte, s'empressa d'évacuer Donnemarie et repassa la Seine à Bray à la faveur de la nuit, laissant un bataillon à Mouy et deux à Bray. Quant au maréchal Victor, bien qu'il eût l'ordre formel de pousser sans s'arrêter jusqu'à Montereau, voyant l'extrême fatigue des troupes harassées par une longue marche et deux combats, il prit sur lui de s'arrêter pour coucher à Salins. Ce retard devait nous faire perdre les fruits des deux victoires de Mormant et de Villeneuve, en permettant à l'armée de Schwarzenberg de se dérober à la poursuite de Napoléon, dont le but était de la couper en deux avant qu'elle eût le temps d'opérer sa concentration.

Le 17 dans la journée, le prince de Schwarzenberg apprit qu'il venait d'être battu à Mormant. Il rappela aussitôt les généraux de Wrède et Wittgenstein sur la rive gauche de la Seine, leur prescrivant de défendre les passages de Bray et de Nogent. Le prince de Wurtemberg reçut l'ordre de garder le pont de Montereau avec la dernière ténacité.

C'est sur ce point que se portèrent les efforts de l'armée française.

Le 18 février, à quatre heures du matin, tout le corps d'armée de Pajol se mit en marche vers Montereau. Il se composait en infanterie, de 800 gendarmes à pied venus d'Espagne et de 3000 gardes nationaux commandés par le général Pacthod, en cavalerie, des trois brigades Du Coëtlosquet, Delort et Grouvel, en tout 1500 chevaux. Il avait en outre 16 pièces de canon. Les 800 gendarmes avaient le sang-froid et la solidité de la vieille garde, mais les 3000 gardes nationaux, malgré leur bonne volonté et leur bravoure patriotique, connaissaient à peine pour la plupart le maniement du fusil et n'avaient peut-être jamais tiré à la cible. La moitié d'entre eux seulement étaient munis d'objets d'équipement et revêtus d'un uniforme.

Les cavaliers étaient tous des conscrits dépourvus des premiers éléments de l'instruction militaire; beaucoup d'entre eux étaient montés à cheval pour la première fois quinze jours auparavant, la grande majorité pouvaient à peine guider leurs montures et manier leurs armes. Ils étaient obligés souvent de lâcher leur sabre pour prendre les rênes des deux mains.

Le général Pajol prescrivit l'ordre de marche suivant : 1° la brigade Delort, précédée d'éclaireurs chargés de reconnaître le terrain avec le plus grand soin; 2° la brigade Du Coëtlosquet; 3° les 800 gendarmes à pied; 4° une compagnie d'artillerie légère; 5° la brigade de dragons du général Grouvel; 6° la moitié de la division Pacthod (15 bataillons de garde nationale); 7° la 2ᵉ compagnie d'artillerie légère; 8° l'autre moitié de la division Pacthod (15 bataillons de garde nationale).

Du Châtelet à Valence, la colonne poursuivit sa marche en bon ordre et traversa sans aucun incident les villages de l'Ecluse, Panfou, le Courtillé et Valence, où les maisons dévastées, les meubles dispersés dans la rue, montraient à quels excès s'était livré l'ennemi.

En entrant dans le bois de Valence, à 2 kilomètres de ce village, l'avant-garde aperçut un parti nombreux de hussards autrichiens du régiment de l'archiduc Ferdinand. Le général Delort arrêta aussitôt la colonne et lança en éclaireurs un escadron qui revint bientôt annoncer que l'ennemi s'était replié nous laissant libre passage. Nos troupes se remirent aussitôt en route, non sans avoir pris pour se garder des mesures très prudentes. Trois pelotons ouvrirent la marche à grands intervalles et des tirailleurs furent répartis sur les flancs de la colonne.

A peine l'avant-garde débouchait-elle du bois qui fait face au plateau de Surville, qu'une volée de coups de canon tirés par une batterie qui flanquait la gauche de l'armée Wurtembergeoise, l'accueillit. Les hussards avaient mis l'ennemi sur ses gardes.

Si l'on examine tout d'abord le terrain qui va être le théâtre de la bataille, on voit qu'il est borné, au nord, par la grande route de Provins à Fontainebleau, à l'ouest, par une ligne partant du lieu où la route de Paris à Lyon atteint le bois de Valence, et aboutissant au sommet du mont de Rubrette; au sud par les points culminants des hauteurs qui dominent la Seine jusqu'au ru du plateau, par la rive droite de la Seine et la ville de Montereau; au sud-est et à l'est par la route de Salins, depuis Montereau jusqu'à son point d'intersection avec celle de Provins à Fontainebleau. Mais le terrain où le corps de Pajol, le premier engagé, combattit, est limité à l'est par le chemin vicinal qui fait communiquer les Petites-Maisons, le Plat-Buisson et Villaron. La grande route de Paris à Lyon coupe ce terrain, du nord-ouest au sud-est, en deux sections. On y trouvait la ferme du Dragon-Bleu, les hameaux des Courreaux, des Petites-Maisons, du Plat-Buisson, de Villaron et de Surville, dont les alentours étaient couverts d'un grand nombre de bouquets de bois. L'espace entre ces divers hameaux était occupé par des terres labourées qui s'étendaient au-delà de la grande route jusqu'à Rubrette : du chemin de Villaron à Rubrette, au contraire, jusqu'au pied des hauteurs qui bordent la Seine, se trouvaient des vignes assez considérables dépendant de la commune de la Grande-Paroisse.

De la ferme du Dragon-Bleu, en se tournant vers Montereau, on a en face de soi un escarpement assez élevé, au sommet duquel on distingue le château et le parc de Surville, et qui descend en pente douce jusqu'à Villaron; sur la gauche, on aperçoit une autre hauteur moins considérable, couronnée par les hameaux des Courreaux, des Petites-Maisons et du Plat-Buisson. Sur la droite s'élève le mamelon de Rubrette, dont les pentes se prolongent jusqu'au bois de Valence; enfin toujours à droite mais un peu plus loin, le sol s'exhausse légèrement, et la pente modifiant soudain sa direction, descend vers la Seine, où elle forme une sorte de falaise très élevée. Pour aller du Dragon-Bleu à Montereau, on marchait d'abord sur un terrain presque horizontal, puis il s'élevait insensiblement jusqu'à la source du ru du plateau, et finalement formait une descente très raide vers la ville.

Le général Pajol se trouvait en présence du corps commandé par le prince de Wurtemberg. Les forces composant son avant-garde, sous les ordres du général Stockmayer, étaient : deux escadrons de hussards du régiment de l'archiduc Ferdinand (300 chevaux), huit escadrons des 3e et 5e régiments de chasseurs wurtembergeois (1,200 chevaux), quatre bataillons des 9e et 10e régiments d'infanterie légère (3,200 hommes et six pièces de canon). Quant au corps d'armée lui-même, il comprenait : huit escadrons des 2e et

4ᵉ chasseurs (1,200 chevaux et six canons, aux ordres du prince Adam; dix bataillons des 2ᵉ, 3ᵉ, 4ᵉ, 6ᵉ et 7ᵉ d'infanterie, 8,000 hommes et 24 canons), commandés par le général Kock; cinq bataillons des régiments de Colloredo et de Zach (4,000 hommes et 8 canons), commandés par le général Schœffer. Ce qui formait un effectif total de 15,200 fantassins, 2,700 cavaliers et 44 bouches à feu.

Les troupes du prince de Wurtemberg étaient réparties de la manière suivante sur le versant nord du plateau de Surville : trois bataillons d'infanterie légère du général Stockmayer étaient déployés à Villaron et à gauche de ce village; derrière eux, les deux bataillons du 3ᵉ d'infanterie, l'un à droite l'autre à gauche de la route de Villaron. A l'aile gauche, se tenait le 1ᵉʳ bataillon du régiment de Colloredo, le 2ᵉ à l'aile droite. On avait disposé en deuxième ligne sur la droite, les trois bataillons du régiment autrichien de Zach, en avant du parc de Surville; sur la gauche, les deux bataillons du 2ᵉ d'infanterie en travers sur la route de Villlaron, et derrière ce régiment, le 7ᵉ. Les abords du pont, du côté de la route de Nangis, étaient défendus par un bataillon du 9ᵉ régiment d'infanterie légère, placé près du parc de Surville.

On avait posté la cavalerie wurtembergeoise

à l'aile gauche, sur deux lignes, en avant de l'infanterie; les deux escadrons autrichiens, à l'aile droite et enfin un escadron sur la route de Nangis, en arrière de Courbeton.

Une batterie de six canons de 6 était placée devant la cavalerie, une autre devant Villaron, et une troisième à droite. Huit pièces étaient braquées sur le front et sur le flanc du régiment de Zach. Une batterie de six pièces de 12 et une de six pièces de 6 étaient disposées vers le centre, dans l'intervalle de la première et de la seconde ligne. En outre, on avait établi en réserve de l'autre côté de la Seine, non loin de Motteux, la brigade du prince de Hohenlohe (4e et 6e régiments). Sur la rive gauche, une batterie de huit pièces de 12 couvrait l'aile gauche.

C'est devant cette position si avantageuse pour l'ennemi, déjà redoutable par son effectif imposant, que le général Pajol arrivait le premier, le 18 février à huit heures du matin.

Parvenu à portée de fusil, Pajol déploya sur le champ ses gendarmes à pied en tirailleurs derrière les arbres au bord du bois en face du plateau de Surville, et sous la protection de leur feu régulier et bien ajusté disposa ses troupes en bataille. La première compagnie d'artillerie légère prit position entre le bois de Valence et le Plat-Buisson, sur une légère élévation de terrain, elle était appuyée par huit bataillons de garde nationale, dont une partie occupaient le pont du Plat-Buisson. La deuxième compagnie d'artillerie fut postée près de la ferme du Dragon-Bleu, soutenue par les gendarmes à pied. Sept bataillons de garde nationale furent répartis à la gauche du bois; les quinze bataillons restants placés en réserve sur la route, dans la profondeur du bois. La cavalerie était arrivée sur le champ de bataille par des chemins de traverse; les brigades du Coëtlosquet et Grouvel furent dirigées sur la gauche et se rangèrent entre le Plat-Buisson et Forges : la première en bataille, la seconde comme réserve en colonne par quatre, assez en arrière. La brigade Delort, au contraire, prit à droite et se rangea devant l'infanterie.

Ces dispositions étaient les plus habiles et les plus prudentes à la fois que pût prendre le général Pajol pour soutenir le combat contre des forces quatre fois supérieures en attendant qu'on vint le seconder. Au début de l'action, l'ennemi s'efforça d'écraser nos troupes par un feu violent de son artillerie, qui fit éprouver des pertes sensibles aux gendarmes à pied. Cependant ils continuaient le feu avec la même régularité qu'à la parade; pour les renforcer, Pajol appela le bataillon des gardes nationaux d'Eure-et-Loir et fit intercaler un garde entre deux gendarmes.

Cependant le maréchal Victor déboucha par Forges vers neuf heures du matin ; la division Châtaux, qui était en avant-garde, attaqua tout d'abord avec vigueur Villaron et l'emporta. Mais un retour offensif de l'ennemi soutenu par le feu écrasant de l'artillerie wurtembergeoise la força de se replier une demi-heure après. A ce moment la division Duhesme, qui venait d'entrer en ligne, déploya des tirailleurs sur sa gauche, dans le ravin qui passe près de Surville, et dirigea ses efforts sur le mamelon situé entre le château et Villaron, laissant sa cavalerie en réserve. Cette attaque n'eut pas plus de succès que la première. Néanmoins elle eut l'avantage de dégager Pajol en détournant l'attention de l'ennemi, et lui permit de se déployer en avant du Dragon-Bleu. A l'extrême droite, où l'ennemi luttait avec moins de vigueur, la brigade Delort fait des progrès et l'infanterie profite de cet avantage pour gagner du terrain. Un bataillon se porte jusqu'au ravin du ru du plateau et tente de prendre à revers la position de Villaron. Mais le bataillon de Colloredo s'avance à sa rencontre et lui oppose trois pièces de canon qu'il met en batterie sur le côté ouest d'une éminence appelée Monte-Gazon. Sans se laisser intimider, les gardes nationaux s'élancent, descendent le ravin, escaladent la côte et enlèvent à la baïonnette les trois pièces.

Enfin le général Gérard débouche par la route de Nangis avec les divisions Dufour et Hamelinaye, débute par faire rallier les tirailleurs, mal à propos déployés sur la gauche, et développe sa ligne de bataille à droite de la route. C'est alors que Napoléon, mécontent de la lenteur du maréchal Victor, envoya à Gérard l'ordre de prendre le commandement en chef des troupes engagées. Il songea avant tout à contre-balancer la supériorité de l'artillerie wurtembergeoise qui nous faisait beaucoup de mal, et dans ce but, joignit aux pièces déjà en batterie devant Villaron quarante bouches à feu de la réserve. Leur feu puissant et soutenu ne tarda pas à faire taire une partie de l'artillerie wurtembergeoise dont l'infanterie fit également de grandes pertes. Voulant mettre un terme à ces décharges meurtrières, le général Dœring s'élança à la tête du 2e bataillon du 3e régiment pour enlever nos batteries. Il réussit, en effet, à s'emparer d'une pièce, mais chargé vigoureusement à son tour par un bataillon français guidé par le général Gérard en personne, il fut repoussé avec pertes.

Il était alors deux heures environ, et Napoléon arrivait avec la garde sur le champ de bataille. Il prescrivit aussitôt à la division Duhesme de réitérer son attaque du coteau de Surville, et la fit soutenir par deux bataillons de la vieille garde.

Dès que le prince de Wurtemberg, dont les troupes résistaient déjà péniblement, vit déboucher la garde, il prit ses dispositions pour battre en retraite, seul moyen désormais d'éviter une déroute. Il renvoya d'abord l'artillerie au-delà de la Seine, la faisant accompagner par les 2e, 3e et 4e régiments de cavalerie, laissant en ligne le 5e seulement et les escadrons autrichiens. L'infanterie reçut l'ordre également de se replier lentement en échelons. Le régiment de Zach fut chargé de défendre Surville et le bataillon de Colloredo de protéger la retraite à l'extrême gauche.

Ce mouvement rétrograde enhardit immédiatement les gardes nationaux de Pajol, dont les colonnes d'attaque s'élancèrent au pas de course jusqu'au parc des Ormeaux, clos par un fossé et une haie vive : retranchés dans ce parc en forme de carré long comme dans ce une redoute, les tirailleurs autrichiens nous causaient d'assez grandes pertes par un feu extrêmement nourri. Le général Pajol, pour ménager son monde, fait tourner cette position par la droite. Guidés par M. Moreau, maire de Montereau, les gardes nationaux se glissent par derrière au milieu des tirailleurs ennemis et les massacrent jusqu'au dernier à coups de crosse et de baïonnette.

Encouragés par le succès, les soldats de Pajol se portèrent en avant avec un irrésistible entrain, de concert avec les troupes de Gérard. L'aile gauche des Wurtembergeois se repliait sur le faubourg St-Nicolas, et l'aide droite fut bientôt contrainte de suivre ce mouvement. Il était environ quatre heures, et la retraite de l'ennemi, de plus en plus précipitée ne se faisait plus en bon ordre : l'encombrement se changeait en écrasement dans les rues de Montereau. Deux batteries de la garde, sous la direction du général Digeon, arrivant par la route de Nangis et prenant position à l'endroit où commence la descente, mirent le comble au désordre de l'ennemi en le couvrant de paquets de mitraille. Peu d'instants après, faisant arrêter le feu, Pajol ordonne au général Delort de s'élancer au galop de charge, avec sa brigade, sur les ponts de Montereau, en dévalant la côte rapide qui descend vers la ville, et le fait prévenir qu'il va le suivre de près avec les deux autres brigades du Coëtlosquet et Grouvel. Il fallait l'intrépidité du général Pajol pour oser tenter une pareille charge avec des cavaliers de quinze jours, jeunes gens novices obligés de se cramponner aux rênes et à la selle. Le général Delort le comprit si bien, que son premier mot à l'officier qui lui apportait l'ordre de Pajol, fut : « je crois en vérité qu'on perd la tête, de me faire charger avec de la cavalerie semblable ! » Néanmoins, cette audace fut couronnée d'un plein succès. Le général Delort fait mettre sabre en main, et formant sa brigade en colonne par pelotons, s'ébranle d'abord au trot, puis à moitié engagé sur la pente, s'élance au triple galop. Nos cavaliers pénétrèrent dans Montereau comme une trombe, culbutant et écrasant tout sur son passage, passant, en vertu de la vitesse acquise, au travers de la fusillade du régiment de Colloredo, retranché dans les maisons du faubourg, sans ralentir aucunement leur allure. Ce torrent déchaîné de chevaux furieux, le ventre labouré par les éperons de leurs apprentis cavaliers qui serraient frénétiquement, pour ne pas tomber, les flancs de leurs montures, traversa en un moment la ville de Montereau et la balaya d'un bout à l'autre. On ne voyait de tous côtés que des fuyards s'échappant à toutes jambes. A la tête de ses deux autres brigades, Pajol suivait à fond de train la brigade Delort. En traversant le pont de la Seine, une mine sauta sous ses pieds et lui tua son cheval, mais sans rompre le passage. Parvenu sur l'autre rive, le général lança le général Grouvel avec ses dragons sur la route de Bray, et courut renforcer, avec la brigade Du Coëtlosquet, le général Delort qui avait fait halte au bout de la ville sur la route de Fossard, où il était prudent de ne pas s'engager sans infanterie. Mais l'armée wurtembergeoise était trop démoralisée pour être encore à craindre, et, c'est en vain que le prince de Hohenlohe essaya de ramener sa brigade au combat ; il fut mortellement blessé, et ses bataillons allèrent rejoindre la masse des fuyards.

La journée de Montereau coûta à l'ennemi trois mille morts ou blessés et trois mille prisonniers, quatre drapeaux et six canons. Le général de Hohenlohe fut tué et le général Schœffer pris avec la presque totalité du régiment de Zach. De notre côté, il y eut deux mille hommes mis hors de combat et deux généraux blessés, le général Châtaux mortellement et le général Delort sans gravité.

Dans ce combat, les braves habitants de Montereau donnèrent une preuve éclatante de leur courage patriotique. La douleur qu'ils avaient manifestée en voyant leur ville évacuée par sa garnison française, était devenue plus amère au milieu des abus et des excès de tout genre auxquels ils avaient été en proie de la part des Wurtembergeois. Les réquisitions continuelles, les outrages et les mauvais traitements subis par beaucoup d'entre-eux les avaient exaspérés. Aussi, dès que la cavalerie française pénétra dans Montereau, un grand nombre d'habitants se faisant armes de tout tombèrent sur les ennemis débandés avec une rage extraordinaire. D'autres tiraient de leurs fenêtres avec des fusils de chasse ou arrachaient les tuiles des toits pour les lancer sur les fuyards. Plusieurs tirailleurs de Colloredo, postés dans les maisons pour arrêter nos cavaliers, furent désarmés par les habitants et lancés par les fenêtres sous les pieds des chevaux. Quelques-uns de nos braves compatriotes se glorifiaient de blessures reçues dans cette lutte. Un mémoire de proposition spécial pour la Légion d'honneur fut établi en faveur de M. Moreau, maire de Montereau, qui, des premiers, avait payé de sa personne.

Napoléon coucha le 18 au soir au château de Surville et y passa la journée du 19. Tous les maires des environs se rendirent près de lui pour assurer de leur dévouement patriotique le défenseur du territoire. Chacun dans ces circonstances difficiles oubliait les fautes et les abus du despote, pour ne plus voir en lui que le protecteur infatigable du sol de la patrie. Bientôt on vit autour de lui autant d'écharpes tricolores que d'épaulettes. L'un de ces magistrats municipaux, M. Soufflot de Mercy, peignit à l'empereur, en termes énergiques et expressifs tous les excès dont les Wurtembergeois s'étaient rendus coupables, sans que leur chef fît rien pour s'opposer à leurs désordres et à leurs exactions. Plusieurs maires avaient dû se réfugier dans les bois pour se soustraire aux exigences insatiables de l'ennemi et à ses menaces continuelles. Une députation de Provins arriva également, jalouse d'apporter, elle aussi, à l'armée, les secours dont elle pouvait disposer, et de tenir Napoléon exactement renseigné des divers mouvements de troupes qui avaient suivi les récents échecs éprouvés par l'ennemi.

Voulant poursuivre ses avantages, Napoléon lança à la poursuite du général Bianchi et des Wurtembergeois en retraite la division Duhesme et les brigades de cavalerie Du Coëtlosquet et Grouvel. Les escadrons de service de l'empereur et la brigade Delort poursuivirent le prince de Wurtemberg. La nuit arrivée, le 2e corps, la réserve de Paris et les trois brigades de cavalerie du général Pajol s'établirent dans Montereau, entre Varennes et Fossard; la division de garde nationale à la droite de la Seine, la garde à Montereau. Quant au prince de Wurtemberg, qui avait rallié tant bien que mal ses troupes à Marolles, il alla prendre position à Bazoches, après avoir placé ses avant-postes à La Tombe.

Le maréchal Macdonald, qui avait quitté Meigneux de bonne heure, atteignit encore, avant d'arriver à Bray, un parc d'artillerie bavarois qu'il enleva; mais il ne put réussir à forcer le passage. Le corps du général de Wrède était en bataille sur la rive gauche, à droite et à gauche de Bray, défendu par deux bataillons; deux batteries formidables de trente pièces de canon chacune, couvraient les côtés du village de Mouy, gardé par un bataillon. L'engagement dut se borner à une lutte de mousqueterie, et Macdonald ne put faire jusqu'au soir aucun progrès.

Le maréchal Oudinot ne rencontra à Provins que les Cosaques de l'hetman Howaisky, qui se replièrent devant la division Treilhard jusqu'au-delà de Mériot. Oudinot s'établit ensuite devant Sourdun. Le général Wittgenstein, qui avait reçu comme renfort la division de cuirassiers russes de Duka, se maintint à Sourdun.

Après le combat de Montereau, Napoléon réorganisa son armée. Le général Pajol, dont les blessures s'étaient rouvertes, ayant dû se retirer, son corps fut licencié; la plupart des régiments provisoires furent dissous, et les détachements rejoignirent leurs corps respectifs, qui venaient d'arriver avec les divisions Piré, Milhaud et Treilhard; le reste de la cavalerie, réuni à la brigade Ismert, forma une division sous le commandement du général Roussel; enfin, les gardes nationales qui avaient si vaillamment combattu furent organisées en division régulière sous les ordres du général Pacthod.

Le retard du maréchal Victor avait fait perdre à l'armée française tous les fruits de la prise de Montereau, occupé douze heures trop tard. Le 19, l'armée austro-russe avait eu le temps de se concentrer et de prendre position. Pour comble de malheur, Macdonald, se croyant impuissant à forcer le passage à Bray, y laissa un rideau de cavalerie pour dissimuler son départ et marcha sur Marolles par Montereau. Par une coïncidence singulière, le général de Wrède renonçait au même instant à disputer le passage et laissait un faible détachement à Bray pour masquer sa retraite. Le maréchal Oudinot se porta de son côté de Provins sur Bray par Donnemarie, espérant trouver un passage plus facile qu'à Nogent, mais perdant ainsi un temps précieux.

VII

COMBATS SUR LA MARNE

Tandis que les différentes colonnes de l'ennemi sont harcelées sanr relâche dans leur retraite et suivies dans leur mouvement vers Troyes par l'ensemble de nos forces, le département de Seine-et-Marne cesse momentanément d'être le théâtre des opérations, et pour ne pas nous écarter de notre sujet, nous devons, huit jours environ après la victoire de Montereau, nous tourner vers les maréchaux Mortier et Marmont, que Napoléon avait quittés pour revenir sur la Seine. Conformément aux ordres de l'empereur, qui le rappelait sur la Marne, Mortier était revenu de Soissons sur Château-Thierry, Marmont, de son côté, poursuivi par Blücher, s'était replié en bon ordre sur Esternay, derrière le Grand Morin. Son rôle était désormais fort simple : se voyant coupé de Napoléon, il devait rallier Mortier sur la Marne et reculer pas à pas en attendant le secours de l'empereur. A cet effet, il manda à Mortier de se retirer vers la Ferté-sous-Jouarre, tandis qu'il se dirigerait lui-même sur cette ville.

Le 26, Blücher l'ayant encore pressé de bonne heure, Marmont continua sa retraite jusqu'à la Ferté-Gaucher, où il parvint, après un assez vif combat, à Moutils. De là, il se replia d'abord sur Rebais; mais le mouvement des Russes sur Coulommiers le décida à arriver jusqu'à la Ferté-sous-Jouarre, où le maréchal Mortier opéra sa jonction avec lui.

Quant à l'ennemi, il avait poussé le corps d'York jusqu'à Rebais, celui de Kleist à Doue, celui de Laugeron à Chailly-en-Brie et celui de Sacken à Coulommiers : il laissa à la Ferté-Gaucher la cavalerie de Korff en prévision de l'arrivée possible de Napoléon.

Le 27, Blücher voulant tenter de couper aux maréchaux la route de Paris, envoya Sacken par sa gauche sur Meaux et lança Kleist droit devant lui sur Sammeron, avec ordre d'y passer la Marne sur un pont de bateaux. La situation de Marmont et Mortier était critique, car ils n'avaient pas à eux deux plus de 14 mille hommes à opposer à 50 mille : heureusement, ils manœuvrèrent avec adresse.

A la pointe du jour, ils passèrent la Marne à La Ferté-sous-Jouarre, dont ils incendièrent le pont, et marchèrent droit sur Meaux. La division Ricard fut déployée entre Montceaux et Trilport pour protéger la retraite qu'il était urgent d'effectuer avec rapidité. Ils ne trouvèrent à Trilport qu'un mauvais pont de bateaux, sur lequel la cavalerie put passer à grand'peine, ce qui retarda le passage de l'infanterie et donna aux Russes le temps d'arriver pour contrarier par leurs feux l'opération de la rupture du pont. Cependant on en vint à bout; mais, chemin faisant, les maréchaux furent instruits qu'une colonne russe devançant leur marche était sur le point de pénétrer dans Meaux.

Cette ville est divisée en trois parties par la Marne et par le bras de cette rivière où est l'écluse de navigation ; la plus importante est sur la rive droite : la grande route de Châlons à Paris la traverse. La deuxième partie de la ville est une île, la troisième se trouve sur l'isthme de la presqu'île formée par les sinuosités de la rive gauche. Cette troisième partie, traversée par la route de Coulommiers et commandée par la colline, sur laquelle passe la route, à travers un faubourg, se nomme Le Cornillon, en souvenir d'une ancienne fortification qui couvrait l'isthme. Les trois quartiers de Meaux sont reliés par des ponts de pierre. Autrefois, l'enceinte était protégée par un fossé large et profond derrière lequel s'élevait une muraille flanquée de tours ; mais ces défenses étaient alors presque entièrement ruinées et le fossé comblé ; des tambours élevés à la hâte couvraient seuls les portes. Quand l'avant-garde de Mortier et Marmont se présenta devant celle de la Ferté, la colonne russe avait déjà envahi Le Cornillon et le premier pont de la Marne. Dans quelques instants, elle occuperait la ville entière. L'ennemi avait déjà posté, derrière le massif de la porte de Cornillon, des tirailleurs dont le feu commandait toutes les issues de la rue principale, et mis en position sur la butte du Moulin une batterie de quatre pièces qui enfilaient la place du Marché. Le maréchal Marmont, espérant qu'un effort énergique et subit pourrait encore sauver la ville, se met en personne à la tête de deux cents hommes et se précipite l'épée à la main sur la porte de Cornillon dont il réussit à chasser les Russes, qui conservent cependant le pont, grâce à un feu de mousqueterie des plus violents. En même temps l'artillerie française traverse la ville au galop et va s'établir sur les hauteurs de Venise, d'où elle ne tarde pas à faire taire la batterie russe, mais sans pouvoir déloger du faubourg l'infanterie qui l'occupait. Enfin, après un combat très vif, le duc de Raguse parvint à expulser les Russes et fit couper le pont derrière les derniers fuyards.

Tandis que l'avant-garde des maréchaux luttait ainsi héroïquement à Meaux avec les Russes, l'arrière-garde faillit être coupée. Quand elle arriva à Montreuil-aux-Lions, les avant-postes prussiens occupaient déjà la Ferté, ce qui la mit dans la nécessité de se jeter sur la droite et de se rendre à Meaux par Lizy, à travers champs, pour éviter le contact des forces supérieures du général Katzler qui, après avoir jeté un pont entre Sammeron et la Ferté, se dirigeait aussi sur Meaux.

Le 28 février, le maréchal Mortier prit position devant Lizy-sur-Ourcq et Marmont à May-en-Multien : ils eurent là un engagement très vif où l'ennemi perdit deux cents hommes et les Français quatre-vingts.

Le lendemain, 1er mars, Blücher résolut de faire passer l'Ourcq à Crouy aux corps d'York et de Kapzewitsch, afin de tourner les maréchaux par la gauche et de les prendre à revers, tandis que les Russes de Sacken feraient diversion par une fausse attaque sur Lizy. Ce plan ne put aboutir, le général York ayant trouvé à Crouy le pont détruit, mais Kapzewitsch réussit à passer la rivière après avoir jeté un pont. Le maréchal Marmont le reçut de pied ferme et, après un engagement violent où il lui fit perdre trois cents hommes, le contraignit de regagner en désordre la rive droite de l'Ourcq.

Napoléon, qui était à Troyes, instruit de l'avantage obtenu par ses maréchaux et de la déception de Blücher, résolut de confirmer sans retard cet état de choses qui sans lui ne pouvait se prolonger. Il décida de quitter Troyes secrètement avec 35 mille hommes et de tomber sur les derrières de Blücher occupé avec Mortier et Marmont. Il importait de prendre la route la plus directe, car les maréchaux, avec leurs faibles troupes, ne pouvaient tenir bien longtemps les Prussiens en échec. Il marcha donc, le 28 au matin, avec ses trente-cinq mille hommes sur la Ferté-Gaucher et la Ferté-sous-Jouarre. Malgré sa rapidité, il ne put parvenir le même jour à la Ferté-Gaucher et passa la nuit à Esternay. Le lendemain, il alla coucher à Jouarre et arriva à la Ferté-sous-Jouarre le 2 mars à la pointe du jour. Mortier et Marmont venaient de recevoir du roi Joseph des renforts comprenant 7 mille hommes d'infanterie et 1,500 chevaux de la ligne ou de la garde. Ayant encore échoué dans ses tentatives réitérées contre la ligne de l'Ourcq, Blücher se résigne à battre en retraite avant l'arrivée de Napoléon, pour se rapprocher de l'Aisne; l'empereur le poursuivit et les maréchaux l'imitèrent, débouchant de Lizy sur-Ourcq et de May-en-Multien.

Les opérations dès lors s'éloignent du théâtre que nous avons à étudier, pour ne s'en rapprocher, après diverses péripéties, que lors de la retraite d'Oudinot, Gérard et Macdonald. Ces trois généraux, voyant l'impossibilité de se maintenir sur l'Aube, se retirèrent sur la Seine entre Nogent et Montereau, livrant à chaque instant de rudes combats d'arrière-garde. Le prince de Schwarzenberg les y suivit et occupa les bords de la Seine de Nogent à Montereau. Mais après avoir résolu sa marche sur la Lorraine pour rallier les garnisons des places fortes, Napoléon jugeant nécessaire de faire défendre les ponts de la Seine, avait laissé le général Souham, avec un certain nombre de bataillons de garde nationale et de dépôts, pour garder Bray et Montereau. Il avait, en outre, mis sous ses ordres, pour remplir cette mission, le général Allix, l'héroïque défenseur de Sens. Après la funeste journée de La Fère-Champenoise, le 25 mars, où fut détruite l'héroïque division Pacthod, le corps du général Compans, qui avait eu la prudence de battre en retraite alors qu'il en était encore temps, se replia sur Coulommiers et put arriver à Meaux sans encombre avant les masses ennemies. Le lendemain, Mortier et Marmont, qui n'avaient plus guère que douze mille hommes, se portèrent sur La Ferté-Gaucher, pour atteindre la Marne, entre Meaux et Lagny, et couvrir la capitale. En route, l'arrière-garde était vivement pressée et devait à tout instant s'arrêter pour combattre. La colonne fit halte un instant au Tourneloup; où on apprit avec stupéfaction que l'ennemi occupait en force La Ferté-Gaucher, où Compans venait cependant de passer. C'étaient les corps de Kleist et d'York qui, de Château-Thierry, étaient descendus droit sur La Ferté-Gaucher, pour barrer aux maréchaux le chemin de Paris. Mortier et Marmont tinrent conseil : le duc de Raguse se chargea de contenir l'ennemi, le duc de Trévise entreprit de faire une trouée. Le général Christiani attaqua énergiquement La Ferté-Gaucher avec une division de vieille garde; mais l'ennemi, supérieur en nombre et placé derrière le Grand-Morin, dans une position avantageuse, résista à tous ses efforts. De son côté, Marmont luttait courageusement au défilé de Moutils, contre l'ennemi qu'on avait en queue. La situation était des plus alarmantes ; de la rive droite, l'artillerie prussienne battait en flanc la colonne française déployée sur la rive gauche du Morin. La nuit venue, les maréchaux eurent l'idée de profiter de l'obscurité pour essayer de gagner Provins à travers champs. On prit par le flanc gauche, laissant un rideau de cavaliers pour masquer la retraite, et on se rallia à Courtacon. Après une courte halte, on se remit en marche et on arriva à Provins à dix heures du matin. Le général Joubert était resté avec sa brigade au village de Moutils pour couvrir la retraite. Vivement pressé par six mille Bavarois et de pièces de canon, il les avait repoussés, puis il rejoignit l'armée à Provins avec ses mille hommes et ses deux canons. Les troupes les accueillirent avec des transports de joie, car ils les avaient crus perdus sans retour.

Cette marche de nuit, qui sauva le corps de Marmont et de Mortier, ne leur fit perdre qu'une trentaine de voitures et quelques centaines de traînards. Mais il fallait d'autant plus se hâter d'aller à Paris qu'on avait perdu beaucoup de temps par ce détour immense, et que la faible division du général Compans était impuissante à arrêter l'ennemi. Pour ne pas encombrer les routes, les maréchaux se séparèrent et se dirigèrent sur Paris, Marmont par la route de Melun, Mortier par celle de Mormant. Le lendemain, 28 mars, ils couchèrent l'un à Melun, l'autre à Mormant. Le 29, ils opérèrent leur jonction et traversèrent la Marne à Charenton.

Quant au général Compans, il avait rallié en chemin les troupes du général Vincent, venant de Château-Thierry, celles du général Charpentier, de Soissons. Après s'être arrêté à Meaux, y avoir noyé les poudres et fait sauter les ponts, il se replia sur Paris par Claye et Bondy. Les alliés de leur côté se concentraient de toutes parts autour de la capitale. Le prince de Schwarzenberg notamment, avec le corps de Rajeffsky (ancien corps de Wittgenstein) et les réserves, comprenant un total de 50,000 hommes, arriva par la route de Meaux et de Claye, après avoir laissé à Meaux les corps de Sacken et de Wrède, pour protéger ses derrières en cas d'arrivée subite de Napoléon.

On sait comment, malgré la valeureuse défense des maréchaux Mortier et Marmont, Paris fut contraint de capituler, le 30 mars. Le même jour, Napoléon en apprit la nouvelle à Fromenteau, à trois lieues de Paris, où il arrivait de Troyes en toute hâte. Les alliés devant faire leur entrée le lendemain matin dans Paris, il se retira à Fontainebleau. Il ne prit au château qu'un logement militaire, les grands appartements restèrent fermés. Napoléon s'installa dans le petit appartement situé au premier étage, le long de la galerie de François Ier. C'est là que, cinq jours après, il signa son abdication (le 14 avril), abandonné par la plupart de ceux qu'il avait comblés de richesses et d'honneurs; c'est là qu'il tenta vainement, dans la nuit du 12 an 13, de s'empoisonner avec de l'opium. Il n'entre pas dans notre plan de retracer toutes les négociations dont Fontainebleau fut le théâtre, jusqu'au jour de son départ pour l'île d'Elbe (20 avril), la campagne étant terminée depuis la capitulation de Paris.

Quant à la fameuse scène des adieux à la vieille garde, dans la cour du Cheval-Blanc, elle est trop connue pour qu'il soit nécessaire de la décrire une fois de plus. Il sera plus intéressant pour nos concitoyens, après cette revue sommaire des opérations militaires en Seine-et-Marne, d'examiner avec nous les funestes conséquences de cette guerre acharnée et de l'occupation étrangère pour notre beau département.

FIN DE LA PREMIÈRE PARTIE

DEUXIÈME PARTIE

En étudiant les diverses péripéties de l'invasion dans le département de Seine-et-Marne, nous avons épuisé la première partie de notre sujet, et bien que la conclusion de cette période soit une défaite écrasante, nous n'avons encore vu la guerre que par son beau côté. Au cours de la lutte, on se sent pris d'une sorte de fièvre, d'exaltation patriotique, on est ému par toutes les alternatives de succès et de revers de cette partie grandiose qui a pour enjeu la liberté du territoire, on se passionne pour ces rudes jouteurs qui tiennent si haut et si ferme le drapeau de la France, et l'attrait de la gloire, de cette gloire si noblement acquise, non plus en servant la rapacité d'un conquérant, mais en défendant le sol de la patrie, éloigne notre pensée de l'effroyable cortège de maux de toute espèce que la guerre entraîne avec elle. Il est temps maintenant, après un dernier hommage à l'héroïsme de nos défenseurs, de porter nos regards sur les souffrances de ceux qui ne pouvaient combattre ; aucune calamité ne leur fut épargnée : l'incendie, les épidémies, le pillage, la dévastation de leurs champs, la brutalité de soudards enivrés de vengeance, rendant plus amère par leurs outrages l'occupation étrangère et arrachant aux cultivateurs leur dernier morceau de pain. Nous verrons les exigences insatiables de ces étrangers arrogants, se croyant tout permis dans un pays auquel ils venaient d'amener dans leurs fourgons un souverain qui n'osait réclamer contre les libertés prises par ses protecteurs, les insurmontables difficultés avec lesquelles luttaient les fonctionnaires publics pour ravitailler ces hordes des goinfres aux dépens d'un malheureux pays ravagé et dépouillé de tout par la guerre. Nous entendrons les plaintes de ces communes infortunées, dont les habitants sans abri, sans provisions, réduits à coucher sur la paille, étaient harcelés par les porteurs de contraintes de sa Majesté Louis XVIII. Tous les commentaires pâliraient devant la simplicité concise des pièces officielles, et le triste état de dénûment de nos pauvres concitoyens touchera plus profondément nos cœurs, exposé par eux-mêmes dans des suppliques dont la sincérité naïve ne pourra manquer d'attendrir, suivant leur propre expression, tous les cœurs sensibles.

Dans ces circonstances si pénibles et si difficiles, il est consolant de voir avec quelle spontanéité se réveillèrent ces sentiments de solidarité morale qui doivent exister entre gens d'un même pays; ce ne fut pas seulement par l'initiative individuelle que ceux qui souffraient le plus furent secourus, on vit encore les communes se prêter une assistance réciproque et se rendre mutuellement tous les services en leur pouvoir. La lettre suivante, adressée au Préfet de Seine-et-Marne par le maire du Châtelet, le lendemain de la bataille de Montereau, montrera quelle activité et quel dévouement déployaient alors nos concitoyens, fonctionnaires ou simples particuliers.

*Le Maire du Châtelet, 19 février 1814,
à M. le Préfet de Melun :*

Monsieur,

Depuis quatre jours, j'ai été accablé de fatigue par les distributions qu'a exigées l'Empereur, les guides, les vivres qu'il a fallu fournir, les repas à proposer aux officiers des postes et des camps. J'ai été obligé de m'adjoindre M. Berrier, habitant de cette commune, qui m'a secondé de la manière la plus satisfaisante sous tous les rapports. Je l'ai invité à me rendre les mêmes services pour l'avenir, particulièrement pour la partie des subsistances à quoi il s'entend parfaitement.

Veuillez me dire, Monsieur, si nous devons demander aux communes requises jusqu'à ce jour leur portion des objets de la réquisition, en comptant pour toutes celles qui, comme la nôtre, ont été ravagées par l'ennemi. Le passage perpétuel des troupes, l'arrivée des blessés et des prisonniers est un sujet de consommation considérable ; ces communes, ruinées, sont absolument hors d'état d'y pourvoir en rien.

S'il y a moyen de m'autoriser à faire rentrer les réquisitions demandées, je le ferai et ferai passer l'excédant de notre consommation à Montereau, où se trouve maintenant le quartier général. Dans le cas contraire, je recommande à votre sollicitude la commune de Valence et la mienne, que la présence de l'ennemi a mises hors d'état de fournir le moindre objet de consommation.

J'ai l'honneur d'être, M. le comte, votre très humble serviteur.

Signé : DALLÉE.

De son côté, le Sous-Préfet de Meaux signale au Préfet les obstacles apportés par le mauvais vouloir des Russes à la juste répartition des vivres entre leurs divers cantonnements, et les exactions commises par les détachements du corps d'occupation.

Le Sous-Préfet de Meaux au Préfet de Seine-et-Marne.

Meaux, le 14 mars 1814.

Nos réquisitions demeurent sans effet dans la plupart des communes occupées par les troupes Russes, et elles sont en grand nombre, d'après les ordres donnés par les commandants de ne laisser sortir aucunes denrées des contrées formant le cantonnement de leurs troupes.

J'ai obtenu la levée d'aucuns de ces ordres ; mais les mouvements et changements continuels amènent le retour de ces abus. Tout mon arrondissement est en proie à des dilapidations permanentes de la part de corps détachés qui passent et repassent et se font délivrer des rations dans des communes même où ils ne s'arrêtent pas pour prendre gîte.

Le Sous-Préfet de Meaux,
Signé : Godart.

Après la capitulation de Paris et l'abdication de Napoléon, les troupes alliées songent à s'installer d'une façon durable sur notre territoire et à organiser leurs cantonnements ainsi que le service des vivres, plus régulièrement que pendant la guerre. Le général russe Kaisaroff adresse le 13 avril 1814 aux administrateurs municipaux provisoires de la ville de Melun, l'ordre suivant, dont nous ne corrigeons ni l'orthographe, ni le français. On sait que les Russes sont réputés pour parler très purement notre langue.

La général Kaisaroff, commandant les troupes Russes stationnées à Melun et aux environs, à Messieurs les Administrateurs municipaux provisoires de Melun, remplissant les fonctions par notre ordre de préfet du département de Seine-et-Marne.

Je vous donne avis, messieurs, que d'après les renseignements que vous m'avez donnés sur les ressources qu'offrent les communes de votre département dans lesquelles doivent être stationnés les régiments sous mes ordres ; et la conférence que nous avons avec eux.

Ces régiments devront être cantonés, savoir :

Celui de Hovaisky à St-Port, St-Leu, Cesson, Vert, St-Denis, Boissise-la-Bertrand, Boissettes.

Les régiments de l'hettmann, de la Mer Noire, de Gretoff 8ᵉ et l'artillerie campés à Melun, Rubelles, Maincy, Montereau-sur-le-Jard, Réau, Aubigny, Saint-Germain, Champigny, Limoges-Fourches, Champdeuil, Soignolles, Yèbles, Guignes, Lissy, Crisenoy, Fouju, Moisenay, Blandy, Milly-les-Granges, Andrezelles, Mormant, Pecqueux, Ozouer-le-Repos, Savigny-le-Temple, Lieusaint et Nandy.

Le 2ᵉ régiment Zagodine, à Livry, Chartrettes, Fontaine-le-Port, Le Chatelet, Sivry-Courtry.

Le 9ᵉ régiment des Monts-Ourals, à Héricy, Vulaines, Samoreau, Fericy, Machault.

Le régiment ds Téptersky, à Champagne, Lacelle, Vernon, Valence.

Le 4ᵉ régiment de Kostine, à Montereau-Faut-Yonne, Forges, Laval, Salin, St-Germain, Courcelles, Marolles.

Le 3ᵉ régiment d'Orembourg, à Barbey, Milly, Latombe, Gravon.

Je vous adresserai l'état de la composition des régiments en hommes et chevaux, afin que vous fassiez faire les distributions par commune en proportion de la population et des ressourses qu'elles offrent. Chaque ration journalière pour hommes, sera de 2 livres de pain, d'une demi-livre de viande et d'une demi-bouteille de vin.

La ration journalière pour un cheval sera de 8 litres et un tiers de litre d'avoine (*un hectolitre fera 12 rations*) et de 10 livres de foin, luzerne, sainfoin ou trefle, en outre la paille nécessaire pour le coucher des chevaux.

Chaque maire fera la répartition soit des fournitures à faire par chaque habitant pour le magasin communal, soit du nombre d'hommes et chevaux qui devront être reçus par chacun. En cas de reclamation de la part des habitants, vous pourrez statuer et donner des ordres à ce sujet aux maires et adjoints.

A défaut de viande en assez grande quantité pour la nourriture des hommes, les maires devront se concerter avec les officiers stationnés chez eux, pour remplacer cette viande par une autre nourriture telle que le soldat soit bien indemnisé de cette échange.

Je donnerais des ordres nécessaires pour que les troupes se conduisent raisonnablement Vous voudrez bien recommander aux maires des communes de mettre le plus grand soin à ce que mes ordres soient exécutés ponctuellement.

Vous m'accuserez réceptions de mes ordres qui devront être exécutés depuis aujourd'hui, 13 avril 1814, jusqu'au 23 inclusivement, à moins que d'ici à cette époque vous ne receviez de moi des ordres contraires.

Je vous salue bien sincèrement.

KAISAROFF.

Général Russe.

A mon quartier général de Melun, le 13 avril 1813.

On voit que le général Kaisaroff était très soucieux du bien-être de ses soldats, et que pourvu qu'on leur procurât tout le confortable imaginable, il était disposé à leur prescrire de se conduire *convenablement*. Une semblable recommandation n'était certes pas superflue.

Cinq jours après cet ordre, le commissaire général près les puissances alliées annonçait au Préfet de Seine-e-Marne l'arrivée de près de 12,000 hommes et 1,500 chevaux, à cantonner dans l'arrondissement de Rozoy (M. le commissaire voulait dire de Coulommiers), dans celui de Melun, sur la rive droite de l'Yères, et dans celui de Melun sur la rive gauche de la Marne.

INTENDANCE GÉNÉRALE

Paris, le 18 avril 1814.

A M. le Préfet du département de Seine-et-Marne.

Monsieur le Préfet,

J'ai l'honneur de vous prévenir que d'après l'état de disloquations des troupes alliées que je reçois de Messieurs les intendants généraux, 12,000 hommes et 1,500 chevaux seront cantonnés en partie dans le département de la Seine et en partie dans votre département, c'est-à-dire dans l'arrondissement de Rozoy, dans celui de Melun, sur le bord droit de l'Yères ;

Dans celui de Meaux sur le bord gauche de la Marne :

Vous trouverez ci-joint un ordre du jour de M. le comte Barclai de Tolly et le tarif des rations des troupes-alliés.

J'ai l'honneur, M. le Préfet, de vous saluer avec une haute considération.

Le Commissaire Général près les puissances alliées,

MICHAUX.

Ce nouvel envoi de troupes d'occupation, alors que notre département avait peine à entretenir celles qu'il avait déjà, devait avoir pour résultat de le surcharger de manière à rendre le ravitaillement extrêmement pénible et pour ainsi dire impossible sans le secours de l'extérieur. La lettre suivante du sous-préfet de Fontainebleau donne une idée de l'épuisement de cet arrondissement en particulier, et ce n'était pourtant pas le plus maltraité.

Fontainebleau, le 18 avril 1814.

Le Sous-Préfet de Fontainebleau à M. le Préfet de Seine-et-Marne.

Monsieur le Comte,

Je reçois à l'instant votre lettre du 12 relative à la commission chargée de pourvoir aux subsistances de l'armée des puissances alliées, etc.

Déjà j'avais reçu directement, le 4 de ce mois, pareille instruction de M. le commissaire du département de l'Intérieur ; je n'ai pas eu jusqu'à ce jour l'occasion d'en faire l'application dans mon arrondissement et je ne pense pas que cette application puisse jamais y avoir lieu.

Ce malheureux arrondissement est dans un état déplorable pour pouvoir répondre à aucune perquisition. Il est même impossible que les troupes qui y sont cantonnées, tant dans les villes que dans les campagnes, cavalerie et infanterie, puissent y subsister encore six jours en arrachant même la dernière ressource du cultivateur.

Veuillez en prévenir par un courrier extraordinaire M. le commissaire du Ministère de la Guerre, afin qu'il avise dans sa sagesse aux moyens d'éloigner ces troupes et d'éviter à mes administrés les horreurs de la famine, qui seraient le résultat infaillible de l'état actuel des choses. Je vous demande cette grâce les larmes aux yeux.

Je vous salue avec respect.

VALADE.

La triste situation signalée par le sous-préfet de Fontainebleau et l'extrême difficulté de se procurer des subsistances suffisantes pour l'armée d'occupation, existe sur tous les points du département, comme l'indique une lettre intéressante du maire de Brie-Comte-Robert, en date du 22 avril, et en cherchant des secours les unes chez les autres, les diverses communes ne faisaient que troquer leurs misères respectives.

Le Maire de Brie-sur-Yères à M. le Préfet de Seine-et-Marne.

22 avril 1814.

Monsieur le Préfet,

C'est avec bien du plaisir que je vois la possibilité de correspondre avec le premier fonctionnaire public du département.

L'interruption qui a eu lieu dans ma correspondance avec vous et M. le Sous-Préfet m'a été bien pénible au milieu de tant de tourments. Enfin je vais donc retrouver un appui que j'avais perdu et qui m'était si nécessaire au milieu des orages dont j'ai été écrasé pendant plusieurs mois.

Ne pouvant plus être secouru par vous, monsieur le comte, je me suis adressé plusieurs fois à M. le général Sacken, gouverneur de Paris, pour lui faire connaître l'embarras dans lequel je me trouvais et me trouve encore pour pouvoir assurer l'existence des corps nombreux qui passent journellement par notre ville et qui y campent. Vu l'impossibilité de pouvoir rien obtenir des communes qui l'avoisinent parce qu'elles ont toutes des troupes en plus ou moins grande quantité, et l'opposition que les chefs de détachement apportent à la portée des denrées pour la place de Brie.

Par sa réponse du 21 de ce mois, M. le gouverneur me dit que je dois m'adresser à vous pour faire aplanir les difficultés.

Je connais les ressources qui peuvent encore exister dans le canton de Brie, quoique faibles, je vous prie donc, monsieur le préfet, d'ordonner à tous les maires du canton de Brie d'obtempérer sur le champ à mes réquisitions, parce que je n'aurais plus rien en magasin ; que j'attends encore beaucoup de troupes, et qu'à défaut de subsistances tant pour les hommes que pour les chevaux, il y a à craindre que la troupe se porte encore à des excès.

La mairie de Melun a fait et fait encore des réquisitions dans mon canton qui nous enlèvent tous les moyens qui me restaient.

Cependant étant sur la route centrale pour le passage des armées alliées, des passages considérables, sans interruption, il me faut de grands moyens, pour assurer les différents services militaires.

J'attends encore cinq mille hommes de cavalerie et je n'ai ni viande ni fourrage.

Je me repose entièrement sur votre zèle à servir la chose publique, qui est bien connu de vos administrés, et sur la protection que vous voudrez bien m'accorder dans cette circonstance difficile.

J'ai l'honneur d'être avec des salutations respectueuses et le plus sincère attachement,

Votre affectionné serviteur,

VALLADON DE LA GRIVELLE.

Le maire de Brie se reposait entièrement du zèle du préfet pour fournir les denrées dont il avait un si urgent besoin, mais à qui ce malheureux fonctionnaire pouvait-il recourir, alors que de tous les points de son département les mêmes plaintes désespérées et les mêmes sollicitations pressantes lui parvenaient sans interruption ?

Le sous-préfet de Meaux, à son tour, avoue son impuissance et fait appel à son intervention sous peine des plus graves complications.

Le Sous-Préfet de Meaux au Préfet de Seine-et-Marne.

Meaux, le 24 avril 1814.

Tous les réquisitoires successifs que j'ai adressés sont répondus négativement, ou les commandants des corps stationnés dans les communes qui possédaient quelques faibles ressources, s'opposent à les laisser échapper.

M. le Commandant de la place de Meaux me donne avis, par l'organe de M. le Maire de cette ville, qu'elle va recevoir d'ici à quelques jours le passage des corps entiers des gardes impériales et royales, lesquelles ne marchent jamais séparés, ce qui rend indispensables des approvisionnements considérables en foin et avoine, et comme M. le Commandant a été informé par M. le Maire, qui a rempli les fonctions de sous-préfet par intérim, que les divers cantons épuisés par les réquisitions, les invasions réitérées des corps et les stations encore actuelles de ces troupes sur plusieurs points, ne peuvent plus rien fournir ; il me fait engager à recourir à vous pour que dans cette circonstance et attendu le vide absolu du magasin, vous fassiez des appels dans les autres arrondissements de votre département et que vous sollicitiez au besoin du gouvernement des réquisitions directes de sa part pour faire verser en magasin, par les départements les plus voisins, les fourrages réclamés pour les passages des troupes annoncées.

L'urgence de ce service, les suites funestes qui résulteraient s'il se trouvait compromis, ne me permettent pas de douter que vous ne preniez à l'instant toutes les mesures propres à l'assurer, soit directement, soit indirectement.

Le Sous-Préfet de Meaux,

GODART.

Si le sous-préfet de Meaux est pressant dans ses demandes de secours, le sous-préfet de Provins ne l'est pas moins, quatre jours plus tard, dans sa lettre au préfet, auquel il dépeint sous des couleurs aussi sombres la situation critique de son arrondissement. Là, comme partout, les ressources sont insuffisantes, et les troupes alliées ont encore l'audace d'employer la force pour s'en emparer et les gaspiller misérablement.

Rapport du Sous-Préfet de Provins à M. le Préfet de Seine-et-Marne.

Provins, le 28 avril 1814.

J'ai l'honneur de vous rendre compte que deux régiments de Cosaques forts de 800 hommes sont arrivés ici le 26 au matin, qu'ils y ont séjourné et n'en sont partis que ce jour, à 6 heures du matin.

Aujourd'hui arrive une colonne autrichienne forte de 2,008 hommes et 3,008 chevaux.

Elle est commandée par M. le major-général autrichien Schœffer.

Dans l'impossibilité de fournir des fourrages aux chevaux, attendu que nos magasins ont été épuisés par les Cosaques et les dragons badois, qui se sont fait délivrer le sabre à la main 1,250 rations d'avoine, lorsqu'il ne leur en revenait que 200; j'ai été obligé de disperser les 3,080 chevaux formant l'ambulance de l'armée autrichienne, dans les communes voisines de la route de Provins à Nogent. Je doute que vu leur état d'épuisement, cette troupe parvienne à se nourrir dans ces villages, mais il m'a été impossible d'opérer différemment.

Vous voyez, M. le comte, que ma position n'est pas du tout agréable; je vous invite à la prendre en considération et à demander à S. E. le Ministre de la Guerre qu'il dirige sur un tout autre point que Provins les troupes des armées alliées; et malgré votre invitation, il faudrait y faire porter des convois de foin et d'avoine.

Le Sous-Préfet de Provins,
Simon.

Il est facile d'imaginer quel devait être

l'embarras du préfet de Seine-et-Marne assailli journellement des lamentations de ses cinq sous-préfets, (car il y en avait un également au chef-lieu du département à cette époque). Si la situation de M. Simon n'était pas du tout agréable, que dire de celle de M. de Plancy, qui, malgré sa bonne volonté, était impuissant à porter remède à une pénurie aussi générale. Il ne pouvait guère que recourir à d'insuffisants palliatifs, ouvrir, comme on dit vulgairement, un trou pour en boucher un autre, et encore y trouvait-il beaucoup de résistance. Le sous-préfet de Coulommiers, invité à venir en aide à l'arrondissement de Meaux, prétendait conserver toutes ses ressources, et au milieu de cette désorganisation, de ces tiraillements des services publics, le sous-préfet de Meaux ne craignait pas, au mépris des règles hiérarchiques, d'écrire directement au ministre de la guerre la lettre suivante :

Meaux, ce 10 mai 1814.

Le Sous-Préfet de l'arrondissement de Meaux à Son Excellence M. le Ministre de la Guerre.

Monseigneur,

Chargé de pourvoir à l'approvisionnement des 3 gîtes d'étapes de Claye, Meaux et La Ferté-sous-Jouarre, pour assurer les subsistances des troupes russes à leur retour sur le Rhin, je suis obligé, à cause de la pénurie, d'avoir recours au sous-préfet de l'arrondissement de Coulommiers; mais mon collègue, dans l'incertitude de recevoir une partie de ces troupes, ne croit pas devoir faire exécuter les réquisitions que je suis autorisé par M. le Préfet du département de Seine-et-Marne à délivrer sur cet arrondissement, sans avoir reçu de votre Excellence l'avis que la ville de Coulommiers et les communes de cet arrondissement ne sont placées sur aucune des lignes d'étape affectées au retour de ces troupes.

Dans cet état, je vous supplie, Monseigneur, de fixer l'incertitude de M. le Sous-Préfet de Coulommiers et de lui recommander de concourir de tous les moyens de son arrondissement à procurer au mien les ressources qui lui manquent en déférant à mes réquisitoires.

J'ai l'honneur d'être avec les sentiments les plus respectueux.

Monseigneur,

Votre très humble et très obéissant serviteur,

Godart.

L'administration, frappée des inconvénients sans nombre du système des réquisitions employé dès l'origine de l'occupation étrangère pour procurer aux troupes alliées les vivres nécessaires à leur subsistance, songea à le remplacer par le système des achats, et consulta les sous-préfets afin de savoir s'il était praticable dans leurs arrondissements respectifs. Le sous-préfet de Meaux exprima son avis, à cet égard, de la manière suivante :

Meaux, le 11 mai 1814.

Monsieur le Préfet,

Par votre lettre du 10 de ce mois vous me faites l'honneur de me donner connaissance des intentions de Son Excellence le Ministre de l'Intérieur, qui serait de substituer le mode d'achat à celui des réquisitions pour procurer les subsistances aux troupes étrangères cantonnées dans mon arrondissement, ainsi qu'à celles qui doivent y gîter dans leur retour sur le Rhin.

Ces achats seraient faits par des entrepreneurs et à leur défaut par une commission, chargée des principaux cultivateurs qui payerait en mandats sur elle-même, et dont elle serait remboursée sur les fonds qui seraient par vous imposés sur les citoyens et qui seraient perçus en vertu d'un rôle que vous rendriez exécutoire ainsi qu'il est d'usage pour le recouvrement des contributions directes.

Cette mesure dont la proposition fait honneur à Son Excellence est trop tardive pour être employée avec succès dans mon arrondissement.

Je ne dois pas vous dissimuler l'extrême difficulté que présentera le recouvrement des contributions directes dans mon arrondissement qui a été dévasté soit par l'ennemi, soit par nos propres troupes, et qui aurait à réclamer des indemnités supérieures à plus du quintuple de toutes les contributions réunies. Le tableau ne m'en est pas encore connu, car les sacrifices sont de tous les jours et leur terme n'est pas assigné. D'ailleurs, les entrepreneurs ne peuvent faire de service sans argent comptant.

Le comité des subsistances en a fait l'expérience ; les principaux cultivateurs sont tous réunis, ils sont exclusivement occupés des moyens de sauver les débris de leur exploitation. Le retour des troupes qui les a écrasés à leur passage leur inspire les plus vives alarmes et cette consternation générale est le plus grand des fléaux. Je ne suis occupé qu'à leur inspirer de la confiance pour les retenir à leur domicile à l'époque du retour de ces troupes sur le Rhin.

L'état d'épuisement de mon arrondissement n'est que trop avéré, je pourrais dire celui de mon département, d'après le tableau que vous m'avez fait de la pénurie des autres arrondissements lorsque je vous ai prié, le 26 avril dernier de les appeler au secours du mien, et depuis, qu'ai-je appris, sinon qu'au par delà des charges dont l'arrondissement était grevé, le canton de Crécy se trouvait aussi appelé à fournir le gîte à 24,000 hommes environ et 16,000 chevaux. Dans ces circonstances que chaque jour rend plus pénibles ; le service était soutenu par celui des réquisitions, elles sont servies non par amour pour le système, mais par crainte de plus grands maux, et surtout par l'espoir d'obtenir le payement de ces avances. Ne vous paraît-il pas plus facile en continuant le mode aussi usité jusqu'à ce jour de faire payer ces réquisitions faites ou à faire pour ce service par des impositions assises sur tous les citoyens. Le prix en serait fixé sur celui des plus bas des diverses natures de denrées et les cultivateurs familiers aux sacrifices s'en contenteraient. Le compte serait ouvert par commune et par arrondissement de gîtes d'étapes. Les reçus du commissaire établiraient la recette et la dépense serait justifiée par la représentation des bons réguliers et de distributions.

Cependant quelque tard qu'il soit, les vues du gouvernement sont trop libérales pour ne pas faire connaître le mode proposé, il ne peut que présenter une chance avantageuse aux cultivateurs, et quoi que je doute de son succès dans les circonstances présentes, il inspirerait toujours plus de confiance pour le service qui reste à faire.

Mais faites parvenir aux pieds du trône le vœu de toute l'agriculture pour accélérer le départ de ces troupes dont chaque jour de retard est une calamité publique et finirait après avoir épuisé les dernières ressources de 1813, par enlever encore l'espoir de la jouissance de la récolte de 1814.

Quelle désolante perspective !

J'aurai l'honneur de vous rendre compte de mes convocations et tournées.

Salut et respect.

Le Sous-Préfet de Meaux,

Godart.

Les observations que fait M. Godart, dans la lettre qui précède, semblent fort judicieuses, et c'était effectivement s'y prendre bien tard pour créer de toutes pièces une organisation afin de procurer des subsistances que la voie brutale, mais efficace des réquisitions pouvait à grand'peine réunir. D'ailleurs au fur et à mesure de l'épuisement des ressources, il survenait de nouveaux contingents à nourrir; ce n'étaient plus seulement les corps d'occupation, mais encore les troupes de passage pour retourner sur le Rhin, que notre infortuné département, placé sur leur route. devait journellement défrayer. Le sous-préfet de Coulommiers écrivait à ce sujet au Préfet :

PASSAGE DES ARMÉES AUTRICHIENNES PAR COULOMMIERS
ET LA FERTÉ-GAUCHER

Le Sous-Préfet de Coulommiers au préfet de Seine-et-Marne

11 mai 1814.

Monsieur le Comte,

Je viens de recevoir votre dépêche en date d'hier, annonçant le passage prochain du corps de réserve de l'armée autrichienne et du quartier général de l'armée, et l'itinéraire de cette armée qui porte qu'elle aura séjour à La Ferté-Gaucher.

Suivant cet itinéraire et votre lettre, la masse des fournitures à réunir pour les consommations de l'armée sera de 46,000 rations de vivres et de 32,000 rations de fourrage.

Je ne puis encore savoir si je pourrai faire réunir une pareille masse de denrées dans un arrondissement dénué de tout approvisionnement de fourrages et de bestiaux, qui a été épuisé par le passage de 400,000 hommes, avant la reddition de Paris, de 40,000 Bavarois et Cosaques, qui sont déjà préparés pour retourner sur le Rhin, par le séjour de divers corps des mêmes troupes et notamment de 7 à 800 hommes encore actuellement cantonnés dans le canton de Rozoy, et enfin par les réquisitions frappées tout récemment pour l'approvisionnement des places de Nangis et de La Ferté-sous-Jouarre, sous prétexte qu'il n'y aurait pas de grands passages par notre arrondissement.

Je vais cependant faire mes efforts pour former les magasins et j'emploierai la voie ordinaire des réquisitions, car, pour des fournitures dans le marché, il ne faut pas y compter. Si je ne puis réunir les quantités suffisantes, il faudra bien que vous veniez à notre secours. Il serait essentiel que j'aie, avant tout, une réponse positive sur chacune des questions ci-après :

1º L'itinéraire annonce que le corps marchera sur quatre divisions : doit-on croire que ces divisions arriveront par échelons et à un ou deux jours de distance l'une de l'autre ? Cette marche serait plus commode pour les distributions des fournitures et pour assurer des logements aux officiers et aux troupes qui ne devraient pas rester dans les bivouacs.

2º Le tarif des compositions des rations de l'armée russe doit-il servir pour l'armée autrichienne, ou en cas de différence, ferait-on connaître la composition des rations à fournir à cette dernière armée ?

3º L'armée autrichienne reçoit-elle ainsi que l'armée russe des portions de gruau, de riz ou farine et des portions d'eau-de-vie, de bière ou vin ? pourrait-on supprimer les unes ou les autres ?

4º Les rations des officiers étant supérieures à celles des soldats, le tiers en sus demandé a-t-il en partie pour objet la différence de ces rations ? ceci surtout s'applique à la viande dont la portion pour les officiers est de deux livres.

5º A raison de la pénurie des fourrages et du séjour qui aura lieu à La Ferté-Gaucher, ne pourrait-on pas obtenir de remplacer avec de la paille et de la farine la moitié de chaque ration de foin ?

6º Le trajet de Crécy à La Ferté-Gaucher étant de sept lieues, il y aura sans doute une halte à Coulommiers et il y a à craindre que l'on y demande des rafraîchissements pour les hommes et pour les chevaux. Si on doit en délivrer, les quantités ainsi fournies entreront-elles en déduction des rations à fournir à La Ferté-Gaucher et ne serait-il pas convenable de mettre à cet effet en magasin à Coulommiers une partie des vivres et fourrages requis pour le passage ?

7° La ville de La Ferté-Gaucher étant très petite et ayant été pillée par ordre de fond en comble, ne pourra offrir que peu de logements et point de ressources particulières pour les consommations ; ne pourra-t-on pas loger une partie des troupes dans les villages environnants qu'on approvisionnera également, attendu qu'étant situés sur la route suivie par les armées alliées lors de leur marche sur Paris, ils sont également épuisés de tout ?

8° Recevra-t-on un règlement pour ces passages ainsi que cela a eu lieu pour les passages de l'armée russe et des commissaires des guerres viendront-ils à l'avance ?

Je désire, Monsieur le Comte, avoir des explications positives sur ces diverses demandes. Je désire surtout que vous insistiez auprès du Ministre de la guerre pour que les magasins à former à La Ferté-Gaucher soient approvisionnés par les soins de son ministère, au moins pour la plus forte partie : sans cela, je ne puis répondre de pouvoir satisfaire aux besoins de l'armée autrichienne, surtout en ce qui concerne le foin et l'avoine.

J'ai l'honneur d'être avec respect, Monsieur le Comte, votre très humble et très obéissant serviteur.

Le Sous-Préfet de Coulommiers.

Félix Frestej.

Sous l'influence de la lettre précédente, le préfet écrit au ministre de l'intérieur pour le prévenir que le département est hors d'état d'entretenir des troupes de cavalerie, faute de fourrage et d'avoine, et l'aviser de la nécessité de recourir à l'aide des départements voisins :

Le 12 mai 1814.

Le Préfet de Seine-et-Marne à Son Excellence M. le Ministre de l'Intérieur.

Monseigneur,

J'ai reçu les lettres que votre Excellence m'a fait l'honneur de m'écrire les 7 et 10 du courant pour me transmettre les instructions relatives à la marche des troupes russes qui se rendent sur le Rhin, à la subsistance desquelles je suis chargé de pourvoir en ce qui concerne mon département.

Je dois observer à Votre Excellence que l'itinéraire annexé à sa lettre du 10 n'indique pas l'époque du passage de ces troupes à Meaux et à La Ferté-sous-Jouarre. J'ai eu l'occasion de représenter à Son Excellence le Ministre de la Guerre et à M. Michaux, commissaire général près les puissances alliées, que mon département qui a été envahi sur tous les points, qui, depuis le 1er janvier, a pourvu presqu'exclusivement à la subsistance de ces troupes françaises et alliées. par lesquelles il a été successivement occupé, se trouvait, vu son épuisement, dans l'impossibilité de nourrir aucune cavalerie, et qu'il serait important pour le bien des troupes, pour la tranquillité du pays et pour la conservation des récoltes sur pied, qu'aucune cavalerie n'y fut cantonnée ou n'y passât.

Cependant, malgré ces observations plusieurs fois répétées et fondées sur un état de choses malheureusement trop réel, une cavalerie assez nombreuse est cantonnée sur différents points du département; et un passage des troupes autrichiennes, infanterie et cavalerie, non moins considérable que celui qui fait l'objet des lettres de Votre Excellence, auxquelles j'ai l'honneur de répondre, m'a été annoncé le 7 du courant par Son Excellence le Ministre de la Guerre, comme devant avoir lieu incessamment par Crécy et La Ferté-Gaucher et comme devant avoir un séjour dans ce dernier gîte.

Ce passage, composé de troupes autrichiennes et allemandes, m'est également annoncé par une lettre de Votre Excellence, du 10 courant.

J'écris à Son Excellence le général Dupont que je ferai tous mes efforts pour pourvoir à la subsistance de ces troupes, mais je ne puis encore donner l'assurance que je parviendrai à réunir, sur les points qui me sont indiqués, des quantités de fourrages aussi considérables que celles dont la consommation doit avoir lieu.

Enfin, je supplie le ministre de vouloir bien donner des ordres pour que les gîtes d'étapes de Brie, Nangis, Provins, Claye, La Ferté-sous-Jouarre et Montereau soient approvisionnés en foin et avoine par les départements de Seine-et-Oise, du Loiret, etc.

J'ai l'honneur de prier Votre Excellence qui, mieux que personne, connaît tous les sacrifices que le département que j'administre a déjà faits pour assurer la subsistance des troupes, d'avoir la bonté d'appuyer les observations bien fondées que j'ai adressées au ministre de la guerre, et la demande que je fais pour que le département de Seine-et-Oise ou autres fassent des versements de foin et avoine dans les gîtes d'étapes ci-dessus dénommés, qui, ainsi que toutes les communes qui les avoisinent, sont absolument dépourvus de ces deux espèces de denrées, dont il ne reste même pas pour les chevaux de l'agriculture.

Comte de Plancy.

Ainsi qu'il l'annonce au Ministre de l'Intérieur, le préfet écrit en même temps au Ministre de la Guerre pour lui exposer les mêmes doléances et solliciter le secours de Seine-et-Oise et du Loiret pour renouveler l'approvisionnement d'avoine et de fourrage.

12 mai 1814.

Le Préfet de Seine-et-Marne à Son Excellence le Ministre de la Guerre.

Monseigneur,

J'ai reçu la lettre que Votre Excellence m'a fait l'honneur de m'écrire le 7 mai, relativement au passage qui doit avoir lieu dans ce département du corps de réserve et du quartier général de l'armée autrichienne.

Je ferai tous mes efforts, monsieur, pour que ces troupes trouvent sur le point que je dois approvisionner, les vivres et les fourrages qui leur seront nécessaires, mais je ne puis encore garantir à Votre Excellence que je parviendrai à réunir des quantités de fourrages aussi considérables que celles dont la consommation doit avoir lieu.

Je supplie Votre Excellence de vouloir bien se faire mettre sous les yeux les différentes lettres que j'ai eu l'honneur de lui écrire pour lui faire connaître que ce département est absolument dépourvu de fourrages et combien il serait urgent qu'elle daignât prendre mes observations en considération et ordonner qu'aucune cavalerie ne passerait désormais dans le département de Seine-et-Marne, qui a successivement été occupé par les armées françaises, envahi sur tous les points et qui a été généralement ravagé. Au surplus, M. Michaux, commissaire général près les puissances alliées, avec lequel j'ai entretenu une correspondance très suivie, a dû, ainsi qu'il me l'a écrit, instruire Votre Excellence de la situation fâcheuse du département que j'administre.

Ne serait-il pas possible, Monseigneur, de faire alimenter en foin et avoine par les départements de Seine-et-Oise, du Loiret, etc., certains gîtes d'étapes tels que Brie, Nangis, Provins, Claye, La Ferté-sous-Jouarre, dans chacun desquels la consommation a été telle, nonobstant le secours qu'ils ont reçu de différents points du département aujourd'hui épuisés, que toutes les communes sont ruinées, qu'on n'en peut plus tirer aucune ressource et que les habitants sont dans l'impossibilité de nourrir tous les militaires qu'ils doivent loger.

Comte DE PLANCY.

Si les habitants des campagnes, comme il ressort de la correspondance qui précède, se voyaient sans cesse dépouillés de toutes leurs denrées au point de n'avoir plus de quoi nourrir leurs bêtes, les réquisitions ne ménageaient pas davantage les habitants des villes. A Melun notamment, les Russes accablèrent de leurs exigences insatiables la municipalité provisoire, et le général Kaisaroff organisa pour lui personnellement, aux frais de la ville, un service de bouche des plus confortables, pour lequel rien ne fut épargné. Le préfet créa une commission chargée de l'examen des comptes des dépenses relatives à ces réquisitions, qui tint plusieurs séances, dont les procès-verbaux sont intéressants à consulter. Voici le premier en date.

ARMÉE ETRANGÈRE

SUBSISTANCES

Procès-verbal des séances de la Commission chargée par M. le Préfet de l'examen des comptes des dépenses relatives aux réquisitions de M. le Général Russe Kaisaroff.

Le 14 mai 1814, la commission créée par l'arrêté de M. le Préfet du département de Seine-et-Marne, du 12 dudit mois, à l'effet d'entendre le compte de la dépense à laquelle a donné lieu l'achat des objets acquis et fournis pour satisfaire à la réquisition frappée le 21 avril précédent sur la ville de Melun, par M. le général Russe Kaisaroff, et de dresser un état du rôle de répartition de la dépense résultant de ce compte entre tous les contribuables de la ville qu'elle jugera susceptibles de concourir à la solder, s'est réunie à 6 heures du soir, dans une des salles de l'Hôtel de Ville, sur l'avertissement donné à chacun de ses membres, par M. le Maire, en lui notifiant l'arrêté précité de M. le Préfet.

Les membres présents étaient : MM. Eicher-Rivière, président du Tribunal civil ; Guyardin, secrétaire général de la préfecture ; Billot, conseiller de préfecture ; Gars, receveur général. M. Picault, directeur des droits réunis, cinquième membre nommé, était absent de Melun.

M. Eicher-Rivière, plus ancien d'âge, a présidé la Commission.

MM. les commissaires qui avaient été chargés de l'acquisition des objets requis ne s'était point trouvés à la séance et le rôle précédemment formé au nom de MM. les administrateurs provisoires de la ville, pour le paiement de cette dépense, n'ayant pas été présenté, la Commission n'a pu procéder à la vérification du compte ni arrêter le montant du nouveau rôle à former.

Mais elle pouvait se livrer d'avance et en effet, elle s'est livrée à la discussion des bases à adopter pour la répartition.

La contribution mobilière lui a paru la première base indiquée par la justice, parce que la conservation des effets mobiliers était le but principal du prompt acquittement de la réquisition de M. le général russe Kaisaroff ; mais considérant aussi que la sûreté des maisons de la ville y était intéressée, la Commission a regardé la contribution foncière, en tant seulement qu'elle frappe sur les propriétés bâties, comme une seconde base à adopter, mais dans une plus faible proportion.

En conséquence, la Commission a arrêté que le montant des dépenses faites et reconnues par la vérification du compte, serait réparti au marc-le-franc, tant des loyers d'habitation présumés pour la contribution mobilière des habitants de la rive droite de la Seine qui seraient compris au rôle, que du revenu foncier des propriétés bâties du même côté de la rivière quel que soit le lieu de résidence des propriétaires de ces maisons, sauf à déterminer le temps de la répartition.

Et néanmoins, comme plusieurs maisons avaient été endommagées par l'effet direct et immédiat de la guerre, antérieurement à la réquisition de M. le général russe Kaisaroff,

La Commission a pensé qu'il était juste de ne pas imposer les propriétaires à raison du revenu foncier de ces maisons et de ne les comprendre au rôle, s'ils habitent la partie ci-dessus désignée de la ville, qu'à raison de leurs facultés mobilières. Les maisons auxquelles s'applique cette raison sont celles qui appartiennent aux propriétaires dont les noms suivent :

Quartier Saint-Etienne.

1. Roy, horloger, à Paris.
2. Bertrand, Jean-Réné.
3. Lecoq, marchand de farine.
4. Les héritiers Letellier.
5. Les héritiers Bouillard.
6. Proy d'Aubigny, à la Tête-Noire.
7. Ancillon, de Fontainebleau.
8. Veuve Pasquier, de Corbeil (les Bains), *rue de la Malgouverne.*
9. Picard, Pierre, huissier, au haut du *faubourg Saint-Barthélémy.*
10. Bertignaud-Liesne, père, *faubourg Saint-Liesne.*

La Commission, prenant en considération l'état de gêne et pénurie, même de détresse auxquels des citoyens peu fortunés ou voisins de l'indigence peuvent avoir été réduits par l'énormité des charges de ville que les derniers événements on fait peser sur eux, a arrêté que ceux dont la cote mobilière n'excède pas 10 francs, ne seront pas imposés.

Un certain nombre de réclamations qui avaient été faites par des particuliers compris au rôle formé par la municipalité provisoire, pour demander, soit la réduction, soit l'annulation de leur cote, avaient été déposées sur le bureau.

La Commission ayant assis des bases fixes et égales pour tous les contribuables, le nouveau rôle qui doit être substitué au premier, avait par là fait droit d'avance à des réclamations fondées sur l'absence de ces bases et sur l'inégalité proportionnelle qui devait en résulter dans la répartition ; il y avait encore fait droit par exception, portée en faveur soit des propriétaires des dix maisons ci-dessus, soit des citoyens mal aisés qui ne payent pas plus de 10 francs de contribution mobilière.

Elle ne s'en est donc pas autrement occupée.

M. le Maire de Melun s'est présenté et a exposé : qu'outre les dépenses faites pour l'achat des objets requis par M. le Général russe Kaisaroff, il en était d'autres non moins indispensables, que MM. les Administrateurs provisoires de la ville avaient été obligés de faire et d'autres encore que lui-même, depuis la prise de ses fonctions, avait déjà faites et ne pouvait se dispenser de continuer pendant quelque temps. Il a invité la Commission à en examiner le compte et à comprendre le montant de ces dépenses dans le rôle qu'elle avait fait rédiger.

La Commission, ayant reconnu que ses pouvoirs, déterminés par l'arrêté de M. le Préfet du 12 courant, se bornaient à la vérification de la dépense occasionnée par la réquisition du 21 avril dernier et à la confection du rôle relatif à cette seule dépense, a fait connaître à M. le Maire de Melun qu'elle ne pouvait s'occuper d'aucune autre dépense sans y être formellement autorisée par un nouvel acte de M. le Préfet, qui étendrait les limites de ses attributions actuelles, sur quoi M. le Maire a déclaré qu'il solliciciterait de M. le Préfet, cette augmentation de pouvoir.

La Commission ne pouvant pas, à défaut des documents nécessaires, continuer ses opérations dans la présente séance, s'est ajournée à mercredi 18 du courant à midi, et a prié M. le Maire de Melun, d'inviter MM. Nancey, Passelen et Dallée, commissaires pour l'achat des fournitures requises, de se rendre auprès d'elle ou de lui envoyer le compte de leurs dépenses, et d'inviter aussi MM. les administrateurs municipaux provisoires à lui procurer les renseignements nécessaires sur cette partie de leur gestion.

La séance est levée.

Eicher-Rivière; Guyardin;
Billot; Gars.

On voit que, dans cette première séance, faute des pièces nécessaires, la Commission ne put vérifier les comptes, mais s'occupa de répartir aussi équitablement que possible les dépenses entre les contribuables. L'administration s'efforçait de rendre aussi réguliers que les circonstances le permettaient les opérations extraordinaires auxquelles les malheurs de la guerre l'obligeaient à procéder. De son côté, le sous-préfet de Meaux avait tenté, mais en vain, de faire passer en pratique les moyens théoriques suggérés par le gouvernement pour suppléer au système des réquisitions.

A M. le Préfet de Seine-et-Marne, Comte de l'Empire

Meaux, le 14 Mai 1814

Monsieur le Préfet,

Le résultat des tournées et convocations que j'ai faites pour parvenir à assurer le service par les voies soit d'entreprises, soit de Commissions agricoles, et anéantir les réquisitions, a été tel que je l'avais prévu. Chacun a applaudi aux intentions bienveillantes du Gouvernement, mais l'état actuel des choses n'a permis à personne de prendre place ni dans une entreprise ni dans une Commission.

Indépendamment des motifs que j'ai eu l'honneur de vous exposer par ma dernière lettre, je dois ajouter que nos réquisitions demeurent sans effet dans la plupart des communes occupées par la troupe Russe, et elles sont en grand nombre ; d'après les ordres donnés par les commandants, elle ne laisse sortir aucune denrée des contrées formant le cantonnement de leurs troupes ; j'ai obtenu la levée d'aucuns de ces ordres, mais les mouvements et changements continuels amènent le retour de ces abus. Tout mon arrondissement est en proie à des dilapidations permanentes de la part des corps détachés qui passent et repassent, et se font délivrer des rations dans des communes même où ils ne s'arrêtent pas pour prendre gîte. Cependant le mode que vous m'avez fait l'honneur de me proposer au nom du Gouvernement serait accepté avec reconnaissance par mon arrondissement, si vous pouviez découvrir une compagnie qui se charge de ce service, soit pour le département, soit pour mon arrondissement.

Je ne puis que m'en référer à ma lettre du 12 courant, pour vous exprimer l'état pénible et inquiétant où les passages de tous les jours, les cantonnements permanents et le retour annoncé des armées Russe et autrichienne, sur les lignes de la route d'Allemagne, jettent mon arrondissement.

Salut et respect.

GODART

Comme son collègue, le sous-préfet de Fontainebleau s'était efforcé de faire apprécier par ses administrés les avantages du mode d'achat des subsistances, mais la pénurie d'argent comptant, et l'appréhension de difficultés résultant de la désorganisation générale avaient paralysé toute initiative.

Lettre du Sous-Préfet de Fontainebleau à M. le comte de Plancy, préfet de Seine-et-Marne.

Monsieur le Comte,

Ainsi que j'ai eu l'honneur de vous le demander par ma lettre du 13 de ce mois, pour l'exécution de la vôtre du 10, j'ai réuni aujourd'hui les principaux cultivateurs de mon arrondissement, à l'effet de les entendre sur les moyens de former par voies d'acquisitions les magasins destinés à l'approvisionnement des troupes stationnées ou de passage.

Je leur ai communiqué les différentes dispositions de votre dite lettre et je leur ai surtout fait part des mesures que vous vous proposiez de prendre d'après les instructions de Son Excellence le Ministre de l'Intérieur, pour assurer le paiement des denrées en grains, paille, foin et avoine qui seraient fournies par les Commissions spéciales et les mettre à portée d'acquitter elles-mêmes les achats qu'elles feraient dans leurs ressorts respectifs. Ce plan m'a paru être approuvé de tous, quant au fond, et même quant au mode de paiement, mais aucuns ne voudraient faire d'avance et attendre que le recouvrement des rôles fut effectué pour être payés parce qu'ils craignent, et ce avec grande raison que ces rôles soient bien difficiles à remplir dans les circonstances actuelles, ce que je considère moi-même comme chose impossible.

En effet, tant de malheurs ont pesé sur mon arrondissement que presque toutes les ressources sont épuisées, et si ce n'était l'amour que le Roi m'inspire, le sentiment patriotique qui anime tous les cœurs, peut-être n'aurais-je pas le bonheur de voir recueillir la faible portion de l'impôt que nous obtenons encore aujourd'hui, et ce serait porter un coup mortel au zèle si louable que de créer en ce moment une contribution excédante. D'ailleurs il est à observer que cette contribution ne pourrait guère s'élever à moins de 40 à 50,000 francs, pour assurer pendant six semaines l'approvisionnement des troupes qui cantonnent encore dans mon arrondissement. On y compte 3,000 hommes et 250 chevaux environ, ce qui exigerait une acquisition de 2,050 quintaux de froment et de seigle, 11,250 bottes de foin, 11,250 bottes de paille et 7,008 doubles décalitres d'avoine.

Heureusement que j'ai en ce moment dans nos magasins à peu près pour trois semaines d'approvisionnement provenant des réquisitions faites dans le département du Loiret.

Si le cantonnement dure encore après ces trois semaines, je ne sais trop où je prendrais. Je crains bien qu'il faille de nouveau recourir à la voie de réquisitions.

Au surplus, si nonobstant mes observations, vous croyez pouvoir établir des rôles pour obtenir le montant de ladite somme de 40 à 50,000 francs, si vous pensez contre mon avis que ces rôles puissent être remplis par les contribuables, veuillez en faire l'essai ; je vous promets que si cette mesure était couronnée de succès, je n'éprouverais aucune difficulté avec de l'argent à remplir les ordres de Son Excellence et vos intentions, car les cultivateurs en ont un si grand besoin que malgré la pénurie où ils se trouvent, ils vendraient jusqu'à leurs dernières ressources, celles qui doivent servir à leur nourriture et à celle de leurs bestiaux, pour faire face à leurs engagements.

Je vous salue avec respect,

VALADE.

Tandis que les administrateurs du département de Seine-et-Marne cherchaient ainsi, par des mesures, plus ou moins pratiques, a rendre plus supportable la charge écrasante des subsistances militaires, elle s'aggravait chaque jour par de nouveaux passages de troupes, comme on le verra par la lettre suivante :

Le Préfet de Seine-et-Marne à Son Excellence le Ministre, Secrétaire d'État de la Guerre.

17 Mai 1814

Monsieur,

J'ai reçu hier, le 16, la lettre de Votre Excellence, du 14 de ce mois, qui m'annonce le passage par Claye, Meaux et la Ferté-sur-Jouarre, des cadres des quatre escadrons des gardes à cheval et le quartier général polonais au service de Sa Majesté l'Empereur de Russie.

J'ai transmis cet avis par une ordonnance à M. le Sous-Préfet de Meaux.

Je m'abstiens de rappeler de nouveau à Votre Excellence, l'exposé que j'ai eu plusieurs fois l'honneur de lui faire de la situation dans laquelle se trouve mon département et de l'impossibilité où on est d'y pourvoir à la subsistance des chevaux, mais j'ose la supplier de vouloir bien autant que cela pourra dépendre d'elle, avoir égard à mes justes représentations et me transmettre quelques jours à l'avance les avis de passages.

Comte de PLANCY.

Mais les représentations réitérées du préfet au gouvernement pour obtenir quelque répit n'étaient guère efficaces, soit à cause de son incurie, soit par suite de son impuissance à modifier les ordres de marche des troupes alliées. Le préfet, pour connaitre l'étendue de ses ressources et pour pouvoir les répartir à propos, prescrivit un recensement des grains, fourrages et bestiaux dans les cinq arrondissements. Le sous-préfet de Meaux lui écrivit à ce sujet, en ces termes :

Le Sous-Préfet de l'arrondissement de Meaux, au Préfet de Seine-et-Marne, comte de l'Empire

Meaux, le 17 Mai 1814

Monsieur le Préfet,

J'ai l'honneur de vous adresser le tableau du recensement fait dans mon arrondissement, des grains, fourrages et bestiaux, ainsi que vous l'avez prescrit par votre **arrêté** du 29 avril dernier, à la suite de votre circulaire du même jour, sous le n° 205.

Ce tableau est incomplet par le défaut d'envoi par M. le Maire de La Ferté-sous-Jouarre, des états de recensement semblables, faits dans son canton, envoi que je n'ai cessé de réclamer depuis 12 jours consécutifs sans succès et que j'ai renoncé à attendre plus longtemps pour faire cesser le retard de celui-ci.

Je m'empresserai de vous l'adresser aussitôt que je l'aurai reçu. J'en ai fait la demande à ce fonctionnaire dès ce matin par une nouvelle ordonnance.

Au surplus, le canton de la Ferté-sous-Jouarre a été très malheureux et est encore écrasé chaque jour par les passages.

M. le Maire du chef-lieu espérait tirer quelques secours de Rebais, qui le touche, quand mon collègue de l'arrondissement de Coulommiers lui a annoncé que le service que son arrondissement était appelé à faire pour la subsistance d'un corps d'armée autrichienne, fort de 16,000 chevaux, paralysait le désir qu'il avait de lui être utile.

Cependant, M. le Préfet, il vous sera facile de reconnaître, en comparant les deux recensements, que la faiblesse de celui de Coulommiers est racheté par le court service qu'il doit faire, n'ayant qu'un gite avec séjour pour 24,000 hommes et 16,000 chevaux, tandis que le mien, quoique présentant le double du sien, est bien au dessus de ce dernier par les consommations qu'exigent les passages de tous les jours. Les stations de nombreux corps de troupes et enfin les passages annoncés de plus de 74,000 hommes et de 40,000 chevaux sur la ligne d'étapes de Claye, Meaux, La Ferté-sous-Jouarre et Crécy, en un mot, tous. Le service de mon collègue se borne à faire le double de celui du seul canton de Crécy, et il me reste exclusivement 50,000 hommes et 24,000 chevaux à faire giter et substanter pendant quatre jours entiers, sauf les divisions. Je ne puis donc que vous réitérer la prière que j'ai eu l'honneur de vous adresser par une autre dépêche de ce jour pour que par votre utile intervention, j'obtienne des soins de mon collègue, un secours proportionnel à nos facultés respectives comparées avec nos charges respectives. Sans ce secours, le service prescrit ne peut que manquer pour les motifs que j'ai eu l'honneur de vous adresser par ladite dépêche.

Salut et respect.

GODART.

P.-S. — Il est 9 heures du soir et l'ordonnance que j'avais envoyé dès 8 heures du matin à La Ferté-sous-Jouarre me rapporte les états du recensement si longtemps réclamés, ce qui m'a permis de compléter le tableau joint à la présente.

Préoccupé d'assurer, coûte que coûte le service des subsistances dans son arrondissement, l'un des plus chargés, le sous-préfet de Meaux adresse lettre sur lettre au préfet pour lui exposer ses besoins urgents et demande que son collègue de Coulommiers, mieux approvisionné, vienne sans retard à son aide.

Meaux, le 17 mai 1814.

Lettre du Sous-Préfet à M. le Préfet de Seine-et-Marne

Monsieur le Préfet,

Ma lettre du 14 de ce mois a répondu d'avance à celle que vous m'avez fait l'honneur de m'adresser le 13 par addition à celle du 10 courant pour chercher à établir une Commission d'agriculture qui, d'après le système proposé par le gouvernement, substituerait les achats aux réquisitions qui sont frappées pour la subsistance des troupes des puissances alliées et les passages des deux armées de réserve russe et autrichienne qui doivent avoir lieu pendant 16 jours dans mon arrondissement.

Les difficultés que je vous ai exposées par ma lettre du 14, s'aggravent tous les jours, car les communes de divers cantons de mon arrondissement où il restait quelques denrées sont occupées, et les troupes, en consommant les ressources locales, enlèvent aux maires des communes de gîtes d'étapes, les moyens de s'approvisionner.

Par une triste fatalité, les mouvements de troupes se succèdent avec une incroyable rapidité et les approvisionnements commencés se dissipent. Je ne puis trop le répéter, si ces troupes restent encore stationnaires avant la fin du mois, si les passages continuent, si le comité des subsistances envoie toujours des agents, qui, l'argent à la main, épuisent la source de nos approvisionnements, je ne vois plus aucun moyen ouvert pour alimenter suffisamment nos magasins de gîtes d'étapes. Cet exposé est de toute vérité, je ne puis que vous adjurer de le représenter avec force au gouvernement. Notre responsabilité nous en fait la loi. Vous pourrez l'assurer que toutes les communes sont dans la désolation et que le retour des troupes, par des contrées qui se trouvent dépouillées, fera fuir les habitants s'ils ne sont pas secourus. Mais les moyens de secours nous sont enlevés chaque jour par de nouvelles arrivées de corps, qui viennent prendre des stations.

Ainsi, Crécy, déjà embarrassé pour l'établissement d'un magasin destiné à alimenter l'armée autrichienne qui lui est annoncée, a reçu, depuis deux jours, dans quatre communes qui lui restent à occuper, une compagnie d'artillerie légère forte de 185 hommes, et d'un pareil nombre environ de chevaux. Les choses ont lieu en raison inverse de nos facultés.

Mon collègue de Coulommiers, après m'avoir envoyé le tableau de recensement fait dans son canton, loin de m'aider, m'écrit que la nouvelle d'un passage de 16,000 chevaux le privera du plaisir de pouvoir m'être utile. Cependant, cet isolement me paraît bien extraordinaire ; si je compare ses ressources aux miennes pour les divers services dont nous sommes respectivement chargés ; d'après son état, d'ailleurs, très peu de communes sont occupées, tandis que dans le mien la plupart le sont. Son plus grand éloignement de la capitale a mis à couvert son arrondissement, tandis que sa proximité a écrasé le mien ; Je ne puis donc que m'adresser à vous pour triompher de l'isolement où mon collègue se place en vous priant de faire mettre à ma disposition les communes les plus rapprochées de Crécy et de La Ferté-sous-Jouarre où je pourrais m'aider de quelques secours.

Le temps presse, daignez je vous prie, établir un concert de service qui seul peut nous aider à sortir de la crise où nous sommes.

Salut et respect.

GODART.

Tandis que le sous-préfet de Meaux s'occupait avec tant de zèle et d'activité des intérêts de son arrondissement, à Melun, les citoyens commis pour examiner et régulariser les réquisitions, poursuivaient leur tâche dans une 2ᵉ séance, après avoir obtenu du préfet l'extension de leur compétence à la vérification de toutes les dépenses sans exception faites à l'occasion de l'occupation étrangère.

Deuxième Séance de la Commission, chargée par le Préfet de l'examen des comptes relatifs aux réquisitions.

Etaient présents : MM. Eicher-Rivière; Guyardin ; Billot; Gars; Picault.

Le dix-huit mai, tous les membres de la Commission se sont trouvés réunis à l'Hôtel de Ville, à l'heure indiquée. M. Thierry, Maire de Melun; MM. Lajoye et Dulac, ex-administrateurs municipaux provisoires et M. Pigalle, percepteur, chargé du recouvrement du premier rôle dressé pour le paiement des dépenses occasionnées par la réquisition du 21 avril, étaient présents.

M. le Maire de Melun, a déposé sur le bureau : 1º la lettre par lui écrite, le 16 du courant, à M. le Préfet, pour le prier d'autoriser la Commission à vérifier le compte des dépenses, dont elle avait déclaré, dans sa séance précédente, que l'examen excédait les bornes de la compétence ; 2" la réponse de M. le Préfet, du 17 ; 3º Le compte rendu par MM. les administrateurs municipaux provisoires, de la dépense faite pour la fourniture des souliers et des chemises destinés aux prisonniers russes, et un autre compte rendu par les mêmes, de diverses autres dépenses, occasionnées par l'occupation de la ville.

Le tout avec les pièces justificatives ; 4º Le compte des dépenses par lui faites depuis la reprise de ses fonctions, pour diverses causes dépendant de la situation de la ville envahie par les Russes avec les pièces justificatives.

La lettre de M. le Préfet, du 17 de ce mois, porte qu'en

effet la Commission n'était chargée par l'arrêté du 12, que d'entendre le compte de la dépense à laquelle a donné lieu l'achat des objets acquis et fournis pour satisfaire à la réquisition du 21 avril et d'en faire la répartition sur les contribuables ; que s'il n'a pas étendu les pouvoirs de la Commission à d'autres dépenses qu'il avait remarquées dans le compte de MM. les administrateurs municipaux provisoires, c'est qu'il espérait qu'on pourrait parvenir à les solder avec quelques fonds du budget de la ville, sur lesquels il lui avait paru plus convenable d'imputer ces diverses dépenses que de les faire supporter par les contribuables ; que cependant, si le budget n'offre pas de fonds disponibles, il lui parait sans inconvénient que la Commission liquide ses dépenses, mais qu'avant de statuer sur les propositions de M. le Maire de Melun, il désire qu'elle soient soumises par un écrit à la Commission, que celle-ci les examine, qu'elle y réponde, et surtout qu'elle indique à combien le prélèvement de ces dépenses sur les fonds provenant du rôle mis en recouvrement, élèvera le marc-le-franc de chaque contribuable en sus de ce qu'il serait, si celui-ci ne devait concourir purement et simplement qu'à l'acquit des objets compris dans la réquisition du 21 avril.

Munie de la nouvelle autorisation contenue dans cette lettre de M. le Préfet, la Commission a procédé à l'examen de différents comptes qui lui ont été présentés, tant de la dépense relative à la réquisition du 21 avril, que des autres dépenses.

Elle a reconnu 1º que l'acquisition des souliers et des chemises fournis par la ville aux prisonniers russes pour satisfaire à la dite réquisition, avait occasionné une dépense de onze mille neuf cent-cinquante deux francs soixante-huit centimes.

Elle a arrêté à cette somme en compte de MM. les administrateurs municipaux provisoires, ci. . 11,952 fr. 68. c.

Passant : 2º à l'examen des dépenses qui n'ont pas pour

— 139 —

objet la réquisition du 21 avril, elle s'est convaincue, que, pour être étrangères à cette réquisition, elles n'en étaient pas moins indispensables et nécessaires par les circonstances.

Les dépenses de cette nature, faites par la municipalité provisoire, lesquelles ont pour objet les frais de la table de M. le général russe Kaisaroff, montant à mille dix-neuf francs quinze centimes, ci. . . . . 1019 15. et des salaires d'hommes de peine montant à cinq cents francs, ci. . . . . 500 fr. s'élèvent ensemble, suivant les pièces justificatives, à mille cinq cent dix-neuf francs quinze centimes, ci   1519 fr. 15 c.

La Commission a alloué cette somme. Les dépenses de même espèce, faites par M. le Maire de Melun depuis son entrée en exercice, consistant en menus frais et fournitures pour la table de M. le général russe, montant à neuf cent vingt-huit francs dix centimes, ci. . . . . . 928 fr. 10 c. en salaires de journaliers, montant à deux cents francs, ci . . . . 200 fr. et en indemnités dues à des Commissions chargées d'activer les réquisitions faites pour les besoins des troupes étrangères montant à deux cents francs, ci. . . . . 200 fr. s'élèvent, suivant les pièces, à mille trois cent vingt-huit francs dix centimes, ci. . . . . 1328 fr. 10 c.

La Commission a pareillement alloué cet somme. Le total des dépenses étrangères à la réquisition du 21 avril dernier, a donc été reconnu s'élever à 2847 fr. 10 cent.

Pour s'assurer, suivant le vœu manifesté par M. le Préfet, dans sa lettre à M. le Maire de Melun, du 17 de ce mois, si cette dernière somme pourrait être soldée avec quelques fonds du budget de la ville, la Commission a examiné ce budget et a entendu M. le Maire dont, au surplus, les observations a ce sujet avaient été consignées par lui dans un mémoire qu'il a déposé sur le bureau.

La recette indiquée au budget de 1814 est portée 58,101 f. 85 c. dans laquelle somme, le droit d'octroi figure pour. 9,000 fr.

Mais les circonstances ont causé une telle diminution dans ce produit, qu'après avoir été plus faible que de coutume dans les trois premiers mois de l'année, il a été entièrement nul pendant le mois d'avril ; et l'on doit présumer, que pendant le reste de l'année, il sera moindre qu'il était pendant les années précédentes pendant le même espace de temps; en sorte, que les recettes municipales en 1814 peuvent n'être évaluées approximativement qu'à 40,400 fr.

Les dépenses prévues au budget, sont de 58,514 francs, les dépenses indispensables sont de 47,746 francs, en ne portant qu'à 800 francs, comme pour les années ordinaires, les frais de bois et lumières des corps de garde, tandis que cette année, les circonstances ont élevé cet article à 10,000 francs. Cette différence porte les dépenses indispensables à 56,946 francs. Encore n'est-il rien compris dans cette somme, pour les fêtes publiques, quoique l'avènement mémorable du descendant de Henri IV, sollicite cette année la manifestation de la plus vive allégresse.

Il résulte de cette comparaison des recettes municipales présumées avec les dépenses indispensables, que la ville, loin d'avoir quelques fonds libres à appliquer aux dépenses extraordinaires que les circonstances ont occasionnées, éprouvera, au contraire, un déficit d'environ 18,000 francs.

En conséquence, la Commission a arrêté que le montant des dépenses ci-dessus détaillées et reconnues, qui n'ont pas pour objet la réquisition du 21 avril, serait ajouté au montant de celles qui sont relatives à cette réquisition, et, que les unes comme les autres, seraient supportées par les contribuables.

M. le Maire de Melun a déposé sur le bureau : les réclamations de cinq particuliers contre leur taxe au rôle dressé par MM. les administrateurs municipaux provisoires et une réclamation du sieur Boudet, entrepreneur des bains, renvoyée à la Commission par M. le Préfet, et dont le but est d'obtenir une indemnité pour les dégradations qu'a souffert son établissement par l'effet de l'ordre qu'il a reçu de le tenir à la disposition des troupes étrangères.

La Commission a rangé les réclamations des sieurs Prenant de la Courtie, Beaunier, Clérotte et Prenay-Chambouron, dans la classe de celles auxquelles elle a satisfait dans sa première séance en posant des bases fixes et uniformes pour la répartition de la somme à payer par les contribuables.

La réclamation du sieur Foix tend à la décharge entière de la taxe sur le premier rôle, attendu qu'il a été contraint par l'autorité, à abandonner sa maison et que plusieurs objets qu'il y a laissés ont été pillés.

La Commission a considéré qu'elle avait fait droit d'avance au premier motif de cette réclamation, lorsque dans sa séance du 14, elle avait affranchi le propriétaire de la maison occupée par le réclamant de la portion de contributions, basée sur le revenu foncier des propriétés bâties; Quant au second motif, la Commission se renfermant dans sa mission qui se borne a procurer à la ville des fonds pour payer les dépenses que les circonstances l'ont obligée de faire, a déclaré qu'elle n'était point chargée de réparer les pertes occasionnées par le pillage. Elle a considéré, d'ailleurs, que le réclamant en transportant momentanément sa résidence dans l'intérieur de la ville, y avait emporté avec lui une partie de ses effets mobiliers pour la conservation desquels il devait être taxé comme les autres habitants, à raison de la contribution mobilière, taxe qui serait au surplus très légère en comparaison de celle contre laquelle il réclame.

La réclamation du sieur Boudet a paru devoir être envisagée sous un autre point de vue. C'est par l'ordre de la municipalité qu'il a pour ainsi dire livré son établissement aux étrangers ; c'est par son ordre qu'il a dû souffrir les détériorations qu'ils y ont faites pour accommoder les bains à leur usage différent du nôtre ; c'est par suite de cet ordre que d'autres dégradations y ont été commises, et que le sieur Boudet a été privé du produit ordinaire de son établissement, pendant le temps de l'année où ce produit commence à être plus considérable.

L'administration est, en quelque sorte, responsable des suites de l'ordre qu'elle a donné, et la répartition de la perte éprouvée par le sieur Boudet, rentre sous ce rapport, dans les dépenses à la charge de la ville. D'après ces considérations, la Commission, après avoir pris d'ailleurs des renseignements sur les dégâts commis dans la maison des bains, a accordé au sieur Boudet, une indemnité de 200 francs à prendre sur le produit du nouveau rôle à mettre en recouvrement, ci . . . . 200 fr.

Récapitulation des Dépenses :

1º Acquisitions des souliers et des chemises fournis aux prisonniers russes. . . . . 11,952 fr. 68
2º Autres dépenses faites par la municipalité provisoire et par M. le Maire . . . . 1,328 fr. 10
3º Indemnité au sieur Boudet . . . . . 200 fr. »»
4º La Commission fixe à 300 francs les taxations du percepteur chargé de la confection et du recouvrement du rôle, à. . . . . 300 fr. »»
5º Le Commission croit aussi devoir ajouter une somme de 700 francs 07 centimes à la charge par M. le Maire de Melun de rendre compte de son emploi à M. le Préfet, ci . . . . 700 fr. 07

En conséquence, la Commission arrête que la somme totale à répartir est de 16,000 francs, ci . . . 16,000 fr. »»

Le sieur Pigalle, percepteur des contributions directes de la ville de Melun, a présenté à la Commission le montant des loyers d'habitation présumé pour la contribution mobilière, lequel est de. . . . . 49,385 fr. »»
et le montant des revenus fonciers des propriétés bâties qui est de . . . . 97,500 fr. »»

La Commission comparant ces deux sommes à celle
de. . . . . 16,000 fr. «»
qui est à répartir et se reportant à sa délibération du 14 de
ce mois, d'après laquelle la contribution mobilière est la
première base adoptée pour la répartition, et la contribution
foncière la deuxième base, mais dans une moindre proportion, a arrêté que la répartition des 16,000 francs serait
faite à raison du cinquième du montant des loyers d'habi-
d'habitations présumé et du quinzième environ du montant des revenus fonciers des propriétés bâties.

Elle a nommé le sieur Pigalle pour dresser le rôle de répartition et pour en faire le recouvrement, et l'a chargé de
se conformer, pour la rédaction de ce rôle, à l'article 3 de
l'arrêté de M. le Préfet, du 12 de ce mois, qui prescrit cinq
colonnes indiquant : 1º les noms et prénoms de chaque contribuable ; 2º la somme de laquelle il est cotisé auxdits
rôles ; 3º celle qu'il a pu verser d'après le premier rôle ;
4º la somme versée en trop et qui est à restituer ; 5º celle
qui reste à payer.

La Commission s'ajourne jusqu'à ce que M. le Président
la convoque pour arrêter le rôle qui lui sera soumis.

EICHER-RIVIÈRE ; BILLOT ; GUYARDIN ;
GARS ; PICAULT.

On voit que cette séance du 18 mai 1814 fut
bien remplie, et que la commission entendait
accomplir consciencieusement la tâche que le
préfet lui avait attribuée. On regrette seulement,
qu'en s'occupant d'objets bien propres à frapper
ces bons citoyens d'une tristesse patriotique, ils

aient eu la pensée malheureuse de déplorer le manque de fonds, pour manifester, par des fêtes publiques leur allégresse à l'occasion de l'avènement du descendant de Henri IV. Néanmoins, on peut dire à leur décharge que Napoléon Bonaparte s'était rendu si odieux par toutes les calamités qu'il avait attirées sur le pays, qu'un gouvernement pacifique, quel qu'il fût, devait être accueilli comme une délivrance. Cependant, tous les maux résultant de l'occupation étrangère n'étaient pas près de leur terme : les alliés n'observaient aucune règle et s'installaient partout à leur guise comme en pays conquis, suivant les caprices du moindre chef de détachement. La lettre suivante du préfet de Seine-et-Marne en est la preuve.

Le Préfet de Seine-et-Marne à M. le Commandant des troupes Russes stationnées à Moissy-Cramayel.

19 mai 1814.

Monsieur le Commandant,

Je suis instruit que M. le maire de Moissy-Cramayel a été invité hier à faire préparer des logements et des vivres pour environ 300 hommes et autant de chevaux, faisant partie des troupes Russes qui ont dû s'établir dans la commune.

J'ai reçu des instructions, M. le commandant, d'après

lesquelles aucune troupe des puissances alliées ne doit prendre les cantonnements sur la rive gauche de la rivière d'Yères : comme rien ne m'annonce qu'il ait été apporté des changements aux instructions qui m'ont été transmises, je vous serai obligé de vouloir bien me faire connaître les ordres en vertu desquels vous avez cru devoir faire cantonner les troupes, sous votre commandement en deçà de la rivière d'Yères.

Mais, lors même que vous auriez, comme je n'en puis douter, des ordres supérieurs pour avoir abandonné les cantonnements, qui vous ont été appliqués primitivement, je dois, vu l'état d'épuisement dans lequel se trouve la commune de Moissy-Cramayel et sa petite population, vous demander, ainsi que j'y suis autorisé par l'ordre du jour de Son Excellence le maréchal comte de Barclay de Tolly, du 11 avril dernier, la dislocation de vos troupes sur différents points, afin qu'elles puissent s'abriter sans trop surcharger les habitants

Je vous prie donc, Monsieur le commandant, de m'indiquer les communes de la rive gauche de la rivière d'Yères, si vous avez ordre d'habiter cette partie de mon département, où il vous conviendrait le mieux que vos troupes fussent logées avec la quantité d'hommes et de chevaux que vous jugerez le plus convenable de placer sur un point, plutôt que sur un autre, à moins que vous ne préfériez me laisser libre de les répartir, ce qui aurait moins d'inconvénients, parce que je connais mieux les ressources locales.

COMTE DE PLANCY.

Mais c'est en vain que M. de Plancy, par ce langage modéré et énergique à la fois, voulait rappeler les chefs des troupes alliées à l'observation des règles prescrites par leurs propres généraux, tous ses efforts étaient impuissants à maintenir l'ordre. La lettre suivante, du sous-préfet de Melun par intérim, conçue en termes presque désespérés, nous montre que les autorités françaises étaient débordées, et notre malheureux département en proie au pillage et aux exactions des soldats étrangers qui le rançonnaient à merci.

Le Sous-Préfet de Melun par intérim, au Préfet de Seine-et-Marne

Melun, le 22 mai 1814.

Je veux vous donner l'assurance que malheureusement les mesures prescrites par Sa Majesté (on parle de l'ordonnance du 5 mai et de la proclamation du 9), ne seront point exécutées. Les troupes alliées arrivent dans les communes sans avoir été annoncées d'avance. Elles s'y placent d'autorité et s'y maintiennent par la force ; exigent impérieusement, durement, arbitrairement, non-seulement ce qui leur est dû, mais même ce qu'elles n'ont pas le droit de demander, et n'examinent point s'il est possible ou non de leur donner ce qu'elles demandent.

L'autorité locale est sans force, elle est obligée de donner tout ce qu'elle peut, et est maltraitée pour ne pas fournir ce qu'elle n'a pas.

Il y a unité d'administration dans ce sens, que la troupe seule administre, si la violence et le désordre peuvent être appelés administration. Voilà le mal ; quel est le remède ! Je n'en connais point contre la force.

Le Sous-Préfet de Melun, par interim,

GUYARDIN.

Au milieu de ces désordres, le préfet qui espérait les apaiser par une régularisation du service des subsistances, avait centralisé les renseignements fournis par les sous-préfets, et adressait sur ce sujet important, la lettre suivante au commissaire général près les armées alliées :

Lettre de M. le Préfet de Seine-et-Marne à M. le commissaire général pour les armées alliées.

24 mai 1814.

Monsieur le Commissaire Général,

J'ai répondu à la lettre que vous m'avez fait l'honneur de m'écrire le 21 de ce mois, il me serait sans doute bien agréable de voir la subsistance des troupes alliées cantonnées ou qui doivent passer dans mon département, assurée par une entreprise qui se chargerait de pourvoir aux différents services. Je n'avais pas connaissance du marché passé par M. le Préfet de Seine-et-Oise avec l'entreprise Barrière, mais j'ai reçu l'instruction de Son Excellence le ministre de l'intérieur, du 3o avril dernier, qui indique aux préfets les trois moyens suivants pour pourvoir aux besoins des troupes :

1º Nourriture des hommes et des chevaux par les habitants chez lesquels ils seront logés ;

2º Nourriture des hommes et des chevaux au moyen des distributions faites des magasins approvisionnés par voie de réquisitions ;

3º Levée d'une contribution avec le produit de laquelle on ferait des achats de denrées.

Le premier mode m'a paru présenter de graves inconvénients ; attendu que tous les habitants de ce département supportent depuis plusieurs mois des charges énormes, et qu'il leur serait impossible, du moins à la plus forte partie, de se procurer des vivres et des fourrages pour la consommation des hommes et des chevaux qu'ils auraient à loger.

Le deuxième a des inconvénients non moins graves en ce qu'il fait peser exclusivement les charges sur les cultivateurs, qui dans ce département ont éprouvé des pertes incalculables ; cependant toute pénible qu'est la voie de la réquisition, c'est la seule qu'on ait pratiquée jusqu'ici pour se procurer les denrées nécessaires.

Le troisième moyen indiqué par M. le ministre était sans doute le meilleur en ce qu'il fait supporter les charges qui résultent de la nourriture des troupes alliées sur la totalité des citoyens de toutes les classes et de toutes les communes ; mais comment lever une nouvelle contribution particulière dans un département qui a autant souffert que celui-ci, et dont la situation est si bien connue du Gouvernement, qu'il sent tous les motifs qui s'opposent actuellement à la rentrée des contributions directes ? MM. les sous-préfets à qui seul j'ai donné des instructions dans l'esprit de la lettre de Son

Excellence le ministre de l'intérieur du 30 avril, me répondent les uns, qu'aucun des trois moyens indiqués n'est applicable dans leur arrondissement, parce qu'il n'y a plus de denrées et parce que les habitants des villes et campagnes ayant tout perdu ne pourraient être destinés à concourir au paiement de la contribution, à l'achat des denrées, puisqu'ils ne peuvent acquitter leurs contributions directes.

Les autres dont les arrondissements sont moins épuisés m'écrivent qu'il serait à désirer qu'on cessât d'y pourvoir aux besoins des troupes par voie de réquisition, mais qu'ils ne peuvent garantir le paiement intégral du rôle qui serait mis en recouvrement pour subvenir au paiement des denrées parce que nombre de leurs communes sont ruinées.

J'ai prévu toutes ces objections et j'ai eu l'honneur d'en entretenir le ministère de l'intérieur.

Vous voyez d'après cela, M. le commissaire général, dans quelle situation je me trouve : mes administrés sont trop malheureux pour que nous puissions espérer qu'ils puissent parvenir à contribuer à former un fonds avec lequel on parviendrait à se procurer autant de denrées que les troupes alliées cantonnées ou en marche doivent en consommer dans ce département. Il faut donc continuer de pourvoir aux besoins de ces troupes par la voie des réquisitions, système qui fait peser partout les charges sur la classe des cultivateurs, et qui n'offre pas de ressources suffisantes, surtout depuis que les troupes alliées s'opposent à l'enlèvement des denrées qui existent dans les communes qu'elles occupent, et de plus, depuis que, par des achats, les agents de diverses entreprises viennent encore diminuer nos faibles ressources en achetant les denrées que possèdent encore quelques cultivateurs, empressés non sans bien des raisons de les soustraire au pillage des troupes et aux demandes trop souvent répétées de l'administration.

Mais pourtant je crois remarquer que l'entreprise Barrière ne se charge que des fourrages, tandis que le comité des subsistances établi à Paris pourvoit, suivant une lettre de M. Bugney, directeur général, à tous les services. Il serait donc bien plus avantageux pour mon département de prendre des arrangements avec ce comité.

En attendant, j'ai lieu de croire que les gîtes d'étapes de l'arrondissement de Meaux sont approvisionnés, s'il ne doit y avoir sur les divers points de cet arrondissement que le passage des corps de réserve russe et autrichien ; mais si cet arrondissement doit être traversé par d'autres troupes encore, il nous sera absolument impossible, ainsi que vous l'annonce ma lettre d'hier, de pourvoir à leur subsistance.

Les passages annoncés pour tous ces arrondissements seront de même ; c'est-à-dire que dans aucun, il ne restera ni vivres, ni foin, ni avoine.

Comte de Plancy.

Cependant, cet exposé sincère de la situation si pénible du département de Seine-et-Marne ne provoqua, de la part du commissaire général près les puissances alliées, aucune mesure de nature à alléger ses charges écrasantes, et les troupes étrangères continuèrent de plus belle à se livrer au pillage sous les yeux et même sous la direction de leurs officiers. En voici un exemple entre mille.

1ʳᵉ légion

Compagnie
de
Seine-et-Marne

GENDARMERIE

————›—★—‹————

*Le Capitaine à Monsieur le Comte de Plancy,
Préfet du département*

Melun, le 26 1814

J'ai l'honneur de vous informer d'une exaction commise par les troupes alliées. Un officier russe, du poste d'Evry-les-Châteaux, s'est présenté dernièrement, avec des soldats sous ses ordres, dans la commune de Limoges-Fourches; il a exigé par la force des fourrages et de l'avoine, sans être porteur d'aucun réquisitoire de l'autorité civile, et même sans vouloir donner de reçu aux particuliers, qu'il a contraints de lui faire les livraisons.

La déclaration de cette violence a été faite ainsi par Monsieur Chante-Clerc, à la gendarmerie de Lieusaint. Je crois devoir vous donner la connaissance de ces faits, comme le désirent le Maire et les habitants ainsi volés. Bien persuadé que s'il dépend de vous, vous leur ferez rendre justice, et vous préviendrez le renouvellement de semblable exaction.

J'ai l'honneur d'être respectueusement. M. le Comte :

Thomé.

GENDARMERIE ROYALE

Le Capitaine-Commandant, à M. le Comte de Plancy, Préfet du département

Melun, le 28 mai 1814.

Monsieur le Comte,

Par le rapport que j'ai eu l'honneur de vous adresser le 26 de ce mois, relativement aux exactions commises par les troupes étrangères dans la commune de Limoges-Fourches, je n'ai pu vous donner tous les renseignements que vous pouviez désirer, parce que je ne les avais pas reçus de la gendarmerie de Lieusaint. Je les ai demandés au brigadier de cette résidence.

Voici les détails qu'il a recueillis et qu'il me transmet :

C'est le 24 de ce mois qu'un officier russe, nommé Bodisko, se logeant chez M. Mouton, cultivateur, à Moissy-Cramayel, s'est présenté dans la commune de Limoges.

Il était accompagné de 80 soldats d'artillerie de la garde impériale russe. Cet officier est sous le commandement d'un capitaine de la même arme, lequel capitaine, dont on ignore le nom, loge au château de Cramayel. Monsieur Bodisko et les 80 artilleurs ont exigé des habitants dudit Limoges-Fourches, par contrainte et même par violence, sans aucun réquisitoire légal ni pièces quelconques, cinq cents bottes de fourrage et quarante deux hectolitres d'avoine.

Cet officier a même refusé d'en donner aucun récépissé;

les fourrages et avoines tant de cet homme que d'autres environnant où les troupes agissent de même, sont emmagasinés à Cramayel; on a remarqué dans les magasins, environ cent septièmes d'avoine :

Ce qui fait craindre aux habitants, que ces troupes doivent rester encore longtemps dans le pays.

Il est à remarquer, Monsieur le Comte, que non-seulement, ces officiers demandent et exigent une quantité quelconque de fourrages et vivres, mais encore qu'ils enlèvent tout ce qu'ils trouvent chez les cultivateurs et particuliers.

Avec une conduite semblable, si on la tolère, comment trouvera-t-on de quoi former des magasins pour alimenter les troupes lors de leur passage pour retourner dans leurs pays!

Le colonel de ce détachement d'artillerie, cantonné à Cramayel et aux environs est logé chez M. de Valencourt, au château, commune de Limoges-Fourches.

Agréez, Monsieur le Comte, l'assurance de mon dévouement respectueux.

Le Capitaine,

Thomé.

Les vols à main armée contre lesquels le brave capitaine de gendarmerie s'élève avec tant d'indignation, le gaspillage, l'obstacle mis avec tant d'opiniâtreté à la circulation des denrées, aggravaient de jour en jour les difficultés du ravitaillement. Et cependant, il était urgent de pourvoir aux besoins des nouvelles troupes dont le passage était annoncé. Dans ces conjonctures, le préfet se vit forcé de solliciter, de la manière la plus pressante, le concours du gouvernement.

27 mai 1814.

Le Préfet de Seine-et-Marne au Ministre de la Guerre.

Monseigneur,

J'ai reçu la lettre de Votre Excellence du 23 du courant, par laquelle elle me fait connaître que d'après un nouvel itinéraire, les 1re et 2me subdivisions du corps de réserve et le quartier général de l'armée autrichienne passeront par Brie, Nangis et Provins, et non par Crécy et La Ferté-Gaucher. J'ai ordonné la subsistance de ces troupes à Nangis et à Provins.

Quant au gîte de Brie, il m'est absolument impossible de pouvoir y faire des approvisionnements, toutes les communes qui avoisinent cette ville ainsi qu'une grande partie de celles de l'arrondissement de Melun, sont occupées par des troupes russes, qui y sont cantonnées, et qui s'opposent à ce qu'aucune espèce de denrées en soit extraite pour être donnée sur un lieu quelconque; lors même qu'il leur est démontré que ces denrées sont destinées à pourvoir à la subsistance des troupes alliées; d'ailleurs ces communes sont épuisées et toutes les autres n'offrent plus de ressources.

Votre Excellence connait les nombreux passages qui ont lieu dans l'arrondissement de Meaux. Celui de Coulommiers aura beaucoup de peine à approvisionner les gîtes de Nangis et de Provins.

Quant aux arrondisssements de Fontainebleau et Provins,

on ne peut plus rien obtenir puisqu'ils ne possèdent plus aucunes denrées.

Il est donc indispensable, Monseigneur, que la place de Brie soit approvisionnée en vivres et fourrages, par les soins de Votre Excellence, ou que les troupes qui devront y passer reçoivent au moment de leur départ de Paris, leurs vivres et fourrages pour plusieurs jours.

Il est également indispensable que Votre Excellence détermine ce que les troupes alliées, qui se rendront de Brie à Nangis, auront le droit de réclamer à Guignes et à Mormant qui ne sont pas des lieux d'étape, et où je suis dans l'impossibilité de former des approvisionnements.

Il est d'autant plus urgent que votre Excellence veuille bien s'occuper de cet objet que les corps ou détachements de ces troupes, qui paraissent devoir franchir en un jour la distance de Brie à Nangis, exigent le logement et les subsistances, soit à Guignes, soit à Mormant, points sur lesquels je n'ai jamais reçu l'ordre d'établir des magasins, et où, je le répète, il me serait impossible d'en créer, autant par le manque de denrées, que parce que les troupes cantonnées, s'opposent à la libre circulation. Je supplie Votre Excellence de vouloir bien me faire connaître très promptement la décision qu'elle aura cru devoir prendre pour assurer la subsistance des troupes autrichiennes qui doivent passer par Brie, et relativement a ce que j'ai l'honneur de lui écrire sur Guignes et Mormant.

Comte de Plancy.

Par suite de la modification de l'itinéraire des troupes autrichiennes, le préfet envoya l'ordre au sous-préfet de Coulommiers de diriger sur

Provins la majeure partie des approvisionnements réunis dans son arrondissement ; il reçut en réponse la lettre suivante :

SUBSISTANCES

POUR LE PASSAGE DE L'ARMÉE AUTRICHIENNE

Le Sous-Préfet de Coulommiers au Préfet de Seine-et-Marne, membre de la Légion d'Honneur

Coulommiers, le 29 mai 1814.

Monsieur le Préfet,

Je me suis empressé, aussitôt la réception de votre arrêté, de faire les dispositions convenables, pour recueillir les 46,000 rations de vivres et 32,000 rations de fourrages que vous m'aviez ordonné de réunir pour le passage de l'armée autrichienne, qui devait avoir séjour à la Ferté-Gaucher. Malgré tous les efforts imaginables, et toutes les peines que j'ai pu prendre, je n'ai pu obtenir qu'à peu près *moitié de la réquisition en tout genre* ; en voici les causes : d'abord le recensement dont je vous ai envoyé le tableau, s'est trouvé si erroné dans la majeure partie des calculs qu'il n'a pu servir de base à mes réquisitions presque pour aucune commune, par la multitude d'erreurs commises par plus de 60 commissaires sur les 80, qui, pour la plupart, n'ont pas fait attention qu'il était question d'hectolitres, par exemple, d'avoine, et qui nous ont donné pour des hectolitres d'avoine des doubles décalitres et même de simples bottes non battues, etc. etc.

Ensuite, M. le Maire de La Ferté-sous-Jouarre a frappé 17 des plus fortes communes de mon arrondissement de réquisitions successives dont les onze douzièmes ont été fournis avant que j'aie pu arrêter le reste de la fourniture, quand j'ai eu connaissance par vous du séjour de l'armée autrichienne dans mon arrondissement.

Depuis l'envoi de ce recensement, toutes les communes de mon arrondissement des deux cantons de Rosoy et de Coulommiers comprises depuis la hauteur de Lagny jusqu'à Coulommiers et depuis Coulommiers jusqu'à Rosoy, ont été et sont encore occupées par des cantonnements russes, qui ne les évacuent, pour passer dans d'autres, que quand les communes du voisinage, chargées, soit de les loger, hommes et chevaux, soit d'approvisionner les magasins que j'ai faits pour eux sur leur demande, sont épuisées entièrement.

Plusieurs communes, même au-delà de cette limite, comme Maisoncelles, Saints, Beautheil, Amillis, etc., c'est-à-dire les meilleures communes du voisinage, sont occupées, sans que les officiers russes aient voulu permettre qu'il sorte un grain d'avoine ni une botte de foin des 28 communes qui composent leurs cantonnements, c'est-à-dire, l'équivalent du canton de Rozoy.

Enfin, toutes les communes qui avoisinent la ville de Rosoy ont été épuisées par les réquisitions que M. le maire de Rosoy a dû frapper pour l'approvisionnement de Nangis et de Courtomer, d'où les détachements russes venaient se mettre en permanence pour l'enlèvement de tout ce qui restait de disponible, mais encore pour l'approvisionnement de sa propre ville, épuisée par les passages continuels de Paris sur Provins, où de Chaumes et de Guignes, par Meaux et Coulommiers.

Dans cet état de choses et sans vous parler de l'épuisement presque absolu du canton de La Ferté-Gaucher et de quelques communes du canton de Rebais, il ne m'a été possible d'obtenir et d'emmagasiner que la moitié à peu près des 46,000 rations de vivres et pas tout à fait la moitié des 32,000 rations de fourrages. C'est à cette époque que j'ai reçu communication de votre arrêté du 25 de ce mois qui m'ordonnait le versement des 32,000 rations de vivres et 16,000 rations de fourrages, sur Provins, c'est-à-dire la presque totalité de mes magasins pour mon arrondissement.

D'après cela qu'ai-je dû faire ? ai-je pu supposer que vous exigeriez que je dusse laisser mon arrondissement sans aucun approvisionnement quelconque, pour le placer précisément, en regard de l'armée autrichienne, dans la même position de dénûment que celle où doit être en ce moment celui de Paris ? non sans doute. J'ai donc dû user de la seule mesure raisonnable de prévoyance que les circonstances me commandaient.

Votre commissaire de Provins, M. Cascon, était arrivé à la Ferté-Gaucher, même avant que j'eusse reçu votre arrêté, puisque j'en recevais communication par le maire de cette ville, au moment même où je lui en adressais moi-même copie et des ordres en conséquence ; il y avait même devancé mes ordres là-dessus, car le jour même de l'arrivée de M. Casson, des voitures étaient parties de la Ferté-Gaucher pour Provins, et il avait cru devoir lui-même et de son chef annoncer qu'elles s'arrêteraient à moitié, jusqu'à ce qu'il reçût de moi de nouveaux ordres.

J'ignore qui peut vous avoir fait des rapports aussi inexacts sur de·prétendus ordres que je n'avais pas même eu le temps ni certainement l'intention de donner ; mais je ne m'arrête pas là-dessus. J'ai monté moi-même à cheval et j'ai accompagné M. le commissaire à la Ferté-Gaucher, où j'ai voulu m'assurer par moi-même de l'état des magasins et fixer la mesure positive des devoirs du maire de la Ferté-Gaucher.

Le matin même de ce jour, un commissaire ministériel venant de Meaux est venu prendre connaissance de mon état de situation, dont je lui ai remis les éléments positifs ; il a dû se rendre à Provins pour le même objet, et ensuite à Melun, auprès de vous : il se nomme, je pense, M. Dollfus ; je ne lui ai rien laissé ignorer de ma position et il est parti convaincu que je ne devais me dessaisir que de la moitié de mes propres magasins.

Je lui ai témoigné tout mon empressement à donner toute cette moitié qui n'était pourtant réellement qu'un quart du nécessaire, et la ferme disposition où j'étais de donner la totalité, c'est-à-dire la moitié entière que j'avais recueillie, mais avec la garantie *officielle et positive de vous*, que je n'aurais point le passage des *3ᵉ et 4ᵉ divisions*, sans quoi, si l'on me forçait la main et qu'on exigeât le versement de la totalité sans garantie, je me trouverais moi-même dans l'impossibilité absolue de faire aucun service quelconque pour mon arrondissement, si les 3ᵉ et 4ᵉ divisions venaient à passer chez moi. Je cherche dans votre lettre du 28, que je reçois à l'instant, cette garantie, et je ne l'y trouve réellement pas ; si elle y est et que vous ayez eu l'intention de me la donner, je vous proteste que je fais partir à l'instant tout ce que je puis avoir, et sans aucune réserve ; mais s'il en est autrement, aurais-je rempli mon devoir en exécutant *littéralement* vos ordres sur une partie de service, dont vous ne pouviez pas connaître la réelle position quand vous les avez donnés ?

Ce que vous voulez bien me rappeler obligeamment, que j'ai pu faire pour pareil dénuement à l'égard de Fontainebleau, dans un autre temps critique, il est dans mon intention formelle et positive de le faire aussi pour Provins dans la circonstance actuelle, et vous ne me rendriez pas justice, si vous en doutiez un instant. Mais levez mes doutes sur ce passage éventuel des deux dernières divisions de l'armée autrichienne, et le peu que j'ai pu rassembler sera transporté sur le champ à Provins, où il arrivera encore à temps, puisque la 2ᵉ division n'y passera qu'après la première.

Je n'avais pas cru devoir placer des magasins dans les diverses communes limitrophes de la route, parce qu'en les multipliant, j'aurais donné la facilité à tous les corps autrichiens qui ont déjà passé ici depuis vos derniers ordres de nous emporter partout, ainsi qu'ils l'ont fait, double ration, pour un effectif d'hommes déjà exagéré.

Le foin et l'avoine ont été déposés en presque totalité à La Ferté-Gaucher, et la presque totalité du blé ou farine à Coulommiers. J'ai la certitude que, depuis hier, la moitié de chaque magasin a été dirigée sur Provins, soit de La Ferté-Gaucher, soit d'ici. Ainsi, je ne me suis opposé à rien de ce que vous avez ordonné; votre intention a été de nous laisser faire, pour ce passage, ainsi que je l'avais deviné, et je l'ai remplie en faisant le partage de mes propres ressources avec mon collègue de Provins, qui va se trouver dans une meilleure position que moi, puisque je reste seul avec ma portion et qu'avec la portion que je lui envoie il aura par surcroit celle qu'il peut trouver sur son propre fonds et peut-être dans son voisinage de l'arrondissement de Melun.

Votre lettre parle d'objection; je n'en ai fait aucune quelconque, et M. le commissaire Dollfus a dû vous donner connaissance de ma position et de mes dispositions personnelles plus conforme à la vérité.

A Dieu ne plaise que je sépare mes intérêts des vôtres; Dans la crise où nous sommes, mon bonheur est de concourir au soulagement des arrondissements de mes collègues, de mes voisins, de tout ce qui n'est pas indispensable aux besoins de l'arrondissement qui m'est confié; ainsi même avant que vous me l'ordonnassiez, les prélèvements de moitié avaient eu lieu, mais ils ne peuvent avoir lieu que sur notre effectif, qui n'est réellement que la moitié de ce que vous aviez demandé d'abord.

Les denrées qui manquent le plus à Provins sont celles aussi dont nous avons le moins; il en est de même à l'égard de celles dont on sent le moins le besoin.

Je ne vous parle pas de la prétention que mon collègue de Meaux avait de faire fournir 8,700 rations, c'est-à-dire la moitié de la fourniture du gîte de Crécy, précisément par les communes de mon arrondissement qui avoisinent Crécy, et dont je n'ai pu rien tirer moi-même, puisqu'elles sont occupées ou épuisées par les cantonnements et les magasins russes et qu'aucunes de mes réquisitions pour la fourniture de mes propres magasins pour le passage qui m'était assigné n'ont été obéies et réellement ne pouvaient pas l'être.

Je désire que vous trouviez dans ces explications les motifs de ma conduite et je ne fais aucun doute qu'ils obtiendront votre approbation.

Quant aux jours fixés pour les arrivages précis à Provins, je pense bien que vous n'avez pas pu croire que les transports dont l'ordre n'est arrivé que le 26 puissent être effectués le lendemain 27, à 4 heures du soir. J'ai vu au contraire, dans la correspondance du Sous-Préfet de Provins, que le premier passage ne devait avoir lieu que le 30 au plus tôt, ainsi je ne m'arrête pas là-dessus.

Je crois devoir vous adresser ci-joint l'effectif de mes approvisionnements dans les deux magasins au moment de l'arrivée de vos ordres pour le prélèvement destiné à Provins, afin que vous voyez ce dont nous pouvons disposer et ce que la prudence nous fait une loi de garder.

Il y a encore une observation essentielle à faire, c'est que tous les renseignements qui me sont venus de Paris ne portent plus ce qu'il reste de l'armée autrichienne à Paris et à Saint-Cloud qu'à 12,000 hommes environ. Si cela est réel, ou est au moins approchant de la vérité, le nombre des rations à fournir ne devrait être que presque la moitié de celui qui avait d'abord été indiqué et nous nous trouverons en mesure, mon collègue de Provins et moi.

J'ai l'honneur d'être avec respect, Monsieur le Comte, votre très humble et très obéissant serviteur.

Félix Frestel.

Tandis que l'administration départementale faisait ainsi tous ses efforts pour assurer la subsistance des nouvelles troupes qui allaient survenir, on s'occupait à Melun d'achever la liquidation des dépenses occasionnées dans cette ville par les réquisitions antérieures du général Kaisaroff et de ses cosaques. La commission instituée dans ce but, par le préfet, tint le 30 mai sa troisième et dernière séance.

Troisième séance de la Commission instituée à Melun, pour vérifier les comptes relatifs aux réquisitions

Le 30 mai, les membres de la Commission, sur la convocation de M. le Président, se sont réunis au lieu de leur séance. Le sieur Pigalle a mis sous les yeux de la Commission, le rôle par lui rédigé.

La rédaction a été approuvée. Pour satisfaire à la demande de M. le Préfet, qui suivant sa lettre du 17 de ce mois, désire connaître quel serait le taux de la répartition en comprenant au rôle les dépenses étrangères à la réquisition du 21 avril dernier, en sus de ce qu'il ferait si ces dépenses n'étaient pas comprises au rôle, la Commission a établi cette différence ainsi qu'il suit :

1º Le taux de la répartition des seize mille francs est pour la contribution mobilière de 20 centimes par franc et pour la contribution foncière de 6 centimes 21/100.

2º Si l'on n'avait pas compris dans le rôle, les dépenses qui n'ont pas pour objet la réquisition du 21 avril, le montant de ce rôle aurait été composé des articles suivants :

Acquisitions des souliers et des chemises	11,952 fr. 68 c.
Taxations du percepteur.	250 fr. » c.
Non-valeurs sur lesquelles on aurait pris l'indemnité du sieur Boudet.	597 fr. 32 c.
Total. . .	12,800 fr. 00 c.

Le taux eût été alors pour la contribution mobilière de 20 centimes comme dans l'autre hypothèse, et pour la contribution foncière de 3 centimes au lieu de 6 centimes 28/100 par franc. La différence nulle pour la 1ʳᵉ des deux contributions, serait donc 3 centimes 28/100 pour la seconde. La Commission s'est fait représenter le premier rôle qui avait été dressé par MM. les administrateurs municipaux provisoires. Elle a reconnu qu'il était de 35,135 francs et que sur cette somme avait été recouvrée celle de 28,000 francs. Elle a constaté, d'après le nouveau rôle, que sur ces 28,000 francs il y a 17,018 francs de trop payés, dont la restitution réduira le recouvrement effectué à 10,982 francs, d'où il suit que pour remplir le rôle, qui est de 16,000 francs, il ne reste plus à recouvrer que cinq mille dix-huit francs.

En conséquence, la Commission déclare que le 1ᵉʳ rôle de 35,135 francs est annulé, enjoint au sieur Pigalle, conformément à l'article 4 de l'arrêté de M. le Préfet du 12 de ce mois, de restituer à chacun des contribuables ce qu'il a versé de trop, jusqu'à concurrence de la somme totale de 17,018 effets jusqu'à Provins, où elles seront remplacées par un pareil nombre.

Le convoi partira de Sèvres demain 1er juin pour aller à Brie, le 2 à Nangis et le 3, à Provins, d'où il continuera sa route sur Troyes.

Je vous prie, Monsieur et cher collègue, de vouloir bien donner vos ordres pour la réunion à Provins des voitures qui devront y prendre le chargement des dits effets et vous trouverez sans doute qu'il serait à propos qu'elles y fussent toutes rassemblées au moment de l'arrivée du convoi, afin que le mouvement rétrograde des premières voitures n'éprouve point de retard.

Agréez, Monsieur et cher collègue, l'assurance de ma parfaite considération.

Le baron ....

Ainsi les charges de notre malheureux département ne se bornaient pas aux subsistances à fournir, il fallait encore qu'il organisât des transports pour que les ennemis pussent emporter les fruits du pillage. Les exigences des soldats étrangers n'avaient pas de bornes : il fallait subvenir non seulement à leur nourriture et à leur entretien, mais encore à leurs plaisirs. Cette lettre du Préfet au commissaire général près les puissances alliées en fait foi :

*Le Préfet de Seine-et-Marne, à M. le Baron Marchand,
commissaire-général près les armées alliées*

1ᵉʳ juin 1814.

Monsieur le Commissaire-général,

J'ai l'honneur de vous communiquer la lettre par laquelle M. le Sous-Préfet de Provins m'informe que les troupes autrichiennes qui se trouvent dans cette place exigent qu'il leur soit fait des distributions de tabac :

Leur demande fait craindre à M. le Sous-Préfet que les autres troupes d'Autriche, dont le passage doit avoir lieu par Provins, n'exigent des distributions semblables, qui ne paraissent autorisées par aucun règlement. C'est dans ce sens que je réponds à M. le Sous-Préfet; mais je vous prie, M. le commissaire général, de vouloir bien écrire, de votre côté, très promptement à ce fonctionnaire, afin que les refus soient motivés sur votre décision, que les troupes alliées respecteront sans doute; veuillez bien m'instruire de ce que vous aurez cru devoir écrire à M. le sous-préfet de Provins.

Comte de Plancy.

Pendant ces passages de troupes, l'épuisement de toutes les ressources s'accentue de plus en plus et la lettre du sous-préfet de Coulommiers, sollicité de pourvoir à l'approvisionnement des gîtes d'étapes de Nangis et de Crécy, révèle une détresse lamentable.

APPROVISIONNEMENT DE NANGIS ET CRÉCY

Le Sous-Préfet de Coulommiers à M. le Préfet de Seine-et-Marne, comte de Plancy, membre de la Légion d'honneur.

Coulommiers, le 2 juin.

Monsieur le Comte,

Il sera bien impossible à M. Piot, votre commissaire à Crécy, d'exécuter les ordres contenus dans la lettre du 1ᵉʳ juin, qu'il a reçue de vous, à l'égard des 10 ou 12 communes de mon arrondissement attachées par M. le Sous-Préfet de Meaux au gîte de Crécy, et qu'il vient de communiquer de votre part ; vous ignorez sans doute que 28 communes de mon arrondissement, dont précisément toutes les communes sans réquisition font partie, ont été affectées aux cantonnements de plusieurs détachements de la garde impériale de l'Empereur de Russie, de leur artillerie et de leurs chevaux du train, qui les occupent pour la plupart, depuis le 15 avril, qui les occupent encore à présent et qui n'ont pas permis, jusqu'à ce jour la sortie pour un autre service que le leur, ni d'un grain d'avoine ni d'une botte de foin, ni d'aucune denrée quelconque, regardant comme exclusivement réservé à leurs approvisionnements ce que ces communes pouvaient encore avoir de denrées et de fourrages.

Quelques-unes d'entre-elles s'étant trouvées épuisées entièrement, les chefs russes se sont adressés à moi pour leur faire former des magasins, soit à Faremoutiers, soit à Mauperthuy. Il a bien fallu alors associer à ces pauvres communes toutes celles du voisinage pour la fourniture des magasins. Ces magasins ont donc été formés, mais quelle en a été la suite naturelle et indispensable? C'est que ces communes, c'est-à-dire précisément celles affectées par M. le Sous-Préfet de Meaux à son projet de dislocation, non-seulement se sont refusées à fournir le contingent que je leur avais assigné pour l'exécution de votre arrêté, mais encore se sont trouvées et se trouvent encore aujourd'hui dans l'impossibilité réelle d'y satisfaire, ce qu'elles ont dû fournir aux magasins de Faremoutiers et de Mauperthuy excédant de beaucoup la proportion de ce que je leur avais assigné pour la fourniture des 46,000 rations de fourrages et des 32,000 rations de vivres que vous nous aviez demandées pour mon arrondissement, sans qu'il ait jamais été question, entre vous et moi, de partager encore la quote-part et le fardeau de l'arrondissement de Meaux, pour alimenter le gîte d'étapes de Crécy, que j'ai toujours regardé comme devant être alimenté par cet arrondissement, comme le gîte et le séjour de La Ferté-Gaucher le doivent être par le mien, et qui par conséquent a toujours dû me rester étranger ; l'habitude de l'arrondissement de Meaux étant toujours d'appeler tout ce qui l'environne à diminuer ses charges malgré ses ressources bien supérieures aux nôtres, et sans faire la moindre attention à ce que les autres supportent déjà.

Ainsi, M. le Préfet, il faut que vous soyez bien prévenu que c'est en grande partie ce qui a été cause que je n'ai pu recueillir qu'à peu près la moitié de ce que vous aviez demandé de moi, par votre arrêté, et que sur vos ordres encore, je viens de partager par moitié avec M. le Sous-Préfet de Provins, pour le passage des deux premières divisions autrichiennes, qui doit maintenant s'effectuer sur la ligne de Provins, et il est bien vrai que, sans que votre correspondance m'en ait prévenu le moins du monde et que sans avoir été ni consulté ni prévenu par lui, M. le Sous-

Préfet de Meaux m'avait adressé un ordre formel de dislocation des communes de mon arrondissement qu'il a choisies à son gré. Il est donc bien vrai aussi qu'à Crécy même, où je l'avais prié de nous réunir, précisément pour cet objet, je lui avais donné connaissance de l'impossibilité absolue où ces communes étaient de fournir le gîte de Crécy de ce qu'il avait jugé à propos de leur assigner et que je lui avais déclaré que, comme l'arrondissement de Coulommiers était chargé de pourvoir avec ses ressources au gîte et séjour de La Ferté-Gaucher, il était aussi dans l'ordre de la justice, que celui de Meaux pourvût aussi, avec ses ressources personnelles, à ces gîtes particuliers et que non seulement il n'obtiendrait rien de ces communes pour le gîte de Crécy, mais encore que moi-même je n'avais rien obtenu d'elles, ainsi que des 18 autres communes, occupées par les Russes, pour leurs propres contingents assignés par moi, dans la fourniture de l'approvisionnement de mon arrondissement. Eh bien, M. le Préfet, ce qui existait alors dans toute la vérité, existe encore aujourd'hui, et malheureusement plus positivement encore. Ce qui était impossible alors l'est encore devenu davantage depuis que les Russes se sont emparés du quart de mon arrondissement pour leur consommation et consomment encore journellement ce qui pouvait rester dans chacune de ces communes. Telle est donc, M. le Préfet, ma position réelle à l'égard de cette partie de mon arrondissement, et le seul et unique résultat que vous puissiez et deviez en attendre vous-même. Il faut bien que vous le sachiez complètement, afin de ne pas compromettre l'autorité par une exécution militaire qui serait sans résultat. Si cependant telle était votre dernière résolution, je n'ai aucun droit de m'y opposer, je n'ai bien certainement auprès de vous que la voie des représentations, et c'est celle que vous me permettez d'employer ici. Si vous adoptiez ce dernier parti, c'est-à-dire celui de faire exécuter militairement ces communes, il n'y a que vous qui en ayez le pouvoir et les moyens ; vous savez que comme je n'ai point de force armée à ma disposition, il faudra que vous en envoyiez de Melun ou de Meaux. Chaque maire a reçu de moi dans le temps une circulaire dans laquelle son contingent en diverses denrées était fixé ; il sera bien aisé de se la faire représenter par chaque maire, ainsi que les récépissés de ce qu'il aurait pu être versé en son acquit, avant l'arrivée des Russes, et s'il leur reste encore des moyens quelconques d'y satisfaire depuis cette époque, il sera, dis-je, bien aisé de les exiger d'eux pour en faire tel usage que vous ordonnerez. Mais vous devez être bien prévenu par moi de l'inutilité d'une pareille mesure, fondée sur l'impossibilité absolue où se trouvent ces communes, après avoir alimenté les cantonnements russes qui y sont encore, de supporter par surcroît une autre charge quelconque.

Ce ne sera donc pas la faute du commissaire que vous pouvez charger de cette opération s'il n'obtient rien, parce que, ne trouvant que des communes épuisées, sa mission ne pourra véritablement être remplie à votre satisfaction.

Je crois devoir joindre ici : 1° copie de la lettre d'observations que j'avais adressée à M. le sous-préfet de Meaux sur son plan de dislocation appliqué à mon arrondissement, et pour provoquer une conférence à Crécy sur les suites fâcheuses d'un pareil projet ;

2° Le tableau des contingents que j'avais assignés moi-même dans la répartition générale de l'arrondissement, précisément à ces mêmes communes, et que je supposais avant l'arrivée des Russes qu'elles pourraient fournir, afin que cela puisse servir de régulateur au commissaire de la force armée, si vous jugez convenable d'y en envoyer ; quant à moi je vous déclare que mes efforts sont à bout et mon influence administrative à son dernier terme ; et que, harcelé d'un côté par Provins et de l'autre par Meaux, par les réquisitions de la Ferté-sous-Jouarre, par celles de Nangis et par celles de Courtomer pour les cantonnements Russes, par les cantonnements de la même nation, qui occupent la moitié des deux cantons de Rosoy et de Coulommiers, et n'ayant pu obtenir, après toutes les peines et les démarches possibles, que la moitié seulement de ce que vous aviez fixé pour le contingent de mon arrondissement et dont la moitié encore est partie pour Provins, je vais me trouver, pour les deux derniers passages que vous avez annoncés, uniquement avec le plus grand quart, qui me reste pour faire face à tout dans mon arrondissement où il y aura séjour. Si vous exigiez que je vous livre encore ce dernier quart, car je n'ai plus que cela seul de disponible pour le contingent des communes affectées par mon collègue de Meaux au soulagement et à la décharge de son arrondissement du double plus abondant que le mien, même à l'époque présente, vour ne pouvez douter que dans un pareil dénuement il n'y a plus rien à faire pour l'administrateur, auquel on aura ôté postérieurement et successivement tous les moyens qu'il pouvait avoir de satisfaire aux ordres qu'il aura reçus, et que l'unique parti qui lui restera alors, sera de vous remettre comme à son chef la conduite de l'administration qui lui est confiée et pour la conservation de laquelle tous les moyens physiques et moraux sont réellement épuisés ; car je dois vous avouer qu'en mon particulier, mon découragement est tel, que je ne sais plus auquel entendre, de ceux qui veulent nous réduire à un dépouillement absolu ; je sens qu'il m'est impossible de résister plus longtemps, si l'on tient à ce système d'épuisement total et d'anéantissement absolu de toutes ressources, que la violence seule maintenant peut faire arriver à son dernier terme, parce que tous les moyens administratifs que je puis connaitre sont usés sans retour.

Agréez, M. le Préfet, les assurances de mon dévouement absolu, dans l'ordre des choses possibles et praticables ; hors de là je ne puis rien, et ne puis vous être d'aucun secours malgré toute ma bonne volonté, dont vous n'avez jamais pu douter un seul instant, puisque j'ai le bonheur d'être bien connu de vous.

J'ai l'honneur d'être avec respect, monsieur le comte, votre très humble et très obéissant serviteur.

Félix Frestel.

P.-S. — Je dois vous dire encore que, sur la demande de M. Piot, commissaire, je lui ai donné un peloton de douze gardes nationaux de cette ville, pour surjoindre aux deux seuls gendarmes qu'il ait avec lui, afin de parcourir les dix ou douze communes affectées, par la dislocation de M. le sous-préfet de Meaux, aux fournitures du gîte d'étapes de Crécy, et afin de s'assurer positivement des ressources qui peuvent exister encore dans ces communes, en leur donnant connaissance de la part et portion de vivres et de fourrages qui leur est assignée pour le passage des deux premières divisions.

Je lui ai remis aussi un extrait du tableau de ma réquisition générale et des quantités déjà versées en son acquit, afin qu'il ait la mesure de leur force respective et de ce qu'il leur sera resté de disponible après le départ des Russes.

Sur les réclamations réitérées du préfet, le gouvernement se décida enfin à réglementer les distributions à faire aux troupes alliées sur les lignes d'étapes et à mettre un terme à leurs exactions au moins en théorie, sinon en pratique.

Le Préfet de Seine-et-Marne aux 5 Sous-Préfets

2 Juin 1814

Monsieur,

Informé que des troupes alliées qui, d'après leurs itinéraires, devaient franchir dans un jour la distance de Brie à Nangis, par Guignes et Mormant, exigeaient dans l'une de ces dernières places où je n'avais pas reçu l ordre de faire faire des approvisionnements, le logement et les subsistances, ou des rafraîchissements, j'ai cru devoir en instruire Son Excellence le Ministre et Secrétaire d'Etat de la Guerre, qui, le 31 mai, m'a fait la réponse ci-dessous transcrite.

Cette réponse qui ne paraît concerner que la distance de Brie à Nangis à parcourir par l'armée autrichienne, est cependant applicable à toutes les autres distances d'étapes, que les troupes des puissances alliées auront à franchir ; ainsi, il ne devra plus désormais être fourni de subsistances, même sous le prétexte de rafraîchissements, dans les lieux intermédiaires d'un gîte d'étape à un autre, lorsqu'il résultera des itinéraires faits pour les troupes alliées en marche, qu'elles doivent aller directement du premier gîte au deuxième.

La réponse ci-dessus transcrite, vous fait connaître que les rafraîchissements sont dûs à chaque relais de poste aux détachements de cavalerie, chargés d'escorter un souverain etc. ; que ces rafraîchissements se bornent à une demi-ration de fourrage pour chaque cheval et que les cavaliers ne peuvent rien exiger pour eux personnellement.

Veuillez bien, Monsieur, transmettre sur le champ des instructions conformes aux dispositions ci-dessus, à MM. les maires des gîtes d'étapes de votre arrondissement, ainsi qu'à ceux des communes qui se trouvent placées sur les lignes d'étapes.

Comte de Plancy.

Le gouvernement de Louis XVIII, soit par prudence, soit par reconnaissance, ne savait guère résister aux exigences les moins justifiées des troupes alliées; les deux lettres suivantes adressées au préfet en réponse à sa protestation relative aux demandes de tabac en sont la preuve. La seconde surtout affecte à l'égard de ces étrangers qui souillent le sol de la patrie, une sorte de bienveillance quasi paternelle qui nous attriste.

A Monsieur le Préfet de Seine-et-Marne.

Paris, le 3 juin 1814.

Monsieur le Préfet,

J'ai écrit de suite à M. l'intendant général autrichien au reçu de votre lettre du 1ᵉʳ juin; je lui ai fait part de vos plaintes au sujet des distributions de tabacs qu'exigent les troupes; je pense que sa réponse sera d'accord avec mon opinion, qui est que ces sortes de distributions ne sont point exigibles. Si je la reçois avant le départ du courrier, je m'empresserai de vous la faire passer.

Agréez, Monsieur le Préfet, l'assurance de ma haute considération.

Le maître des requêtes, intendant général, commissaire général près les armées alliées.

Baron Marchand.

A M. le Préfet de Seine-et-Marne

Paris, le 4 juin 1814.

Monsieur le Préfet,

Je vous ai informé par ma lettre d'hier de la communication que je donnais à M. l'intendant général de l'armée autrichienne, des plaintes formées par M. le Sous-Préfet de Provins à l'occasion du tabac exigé par les troupes autrichiennes qui traversent votre département.

Cette distribution n'est point d'usage et ne saurait être exigée rigoureusement, cependant, il résulte des explications données par M. le baron de Prochaska, intendant général, que le soldat autrichien pour lequel l'usage du tabac est de première nécessité, ne saurait s'en procurer en France au prix élevé où il est, et que cette considération avait déterminé M. le Préfet du département de la Seine à en faire distribuer à Paris, aux militaires de la garde autrichienne et aux soldats de cette nation dans les hôpitaux.

Je pense donc, M. le Préfet, que dans cet état de choses, il existe un terme moyen, dont la pratique, entrant dans les vues d'un sage administrateur, ne saurait vous échapper. C'est tout en considérant le tabac comme une fourniture non exigible, d'en faciliter aux soldats la recherche et l'acquisition à des prix modérés et de n'accorder des distributions gratuites de cette denrée qu'autant que les autorités locales jugeraient pour des considérations de tranquillité publique ne pouvoir s'en dispenser. Ce moyen conciliant pourrait, si vous le jugez convenable, faire l'objet d'une instruction à MM. les Sous-Préfets de votre département.

Agréez, Monsieur le Préfet, l'assurance ma haute considération.

Le Maître des requêtes, intendant général, commissaire général près les armées alliés.

Baron MARCHAND.

Lorsque le gouvernement songea à faire rentrer les impôts directs, il dut se préoccuper en même temps de prescrire le recensement des pertes subies par les contribuables, car le seul moyen de les indemniser, pour une faible partie du moins, était de les exonérer dans une certaine proportion.

MINISTÈRE
DES
FINANCES

Le Ministre des Finances au Préfet de Seine-et-Marne

Paris, le 18 juin 1814

Le moment est venu, Monsieur, de constater les pertes que peuvent avoir éprouvées par le séjour des troupes françaises et étrangères les contribuables de votre département.

Il est facile d'y parvenir en suivant les dispositions de l'arrêté du gouvernement du 24 floréal an 8 (14 mai 1800). Un ou deux experts accompagnés des contrôleurs des contributions, se transporteront à cet effet dans les communes, et après avoir entendu les maires et les contribuables, feront l'évaluation des pertes. Un procès-verbal rédigé par le contrôleur, énoncera cette évaluation et sera remis par lui au

Sous-Préfet, qui vous le fera parvenir avec les observations dont il lui aura paru susceptible.

Vous serez ainsi à portée, Monsieur, après avoir pris l'avis du Directeur des contributions, de m'indiquer les soulagements auxquels votre département pourrait avoir droit sur les contributions directes.

Baron Louis.

De son côté l'administration de la guerre réclama un état des réquisitions frappées sur le département, afin de fournir au Ministère des Finances tous les éléments nécessaires pour qu'il pût statuer en pleine connaissance de cause. Mais il y avait eu tant d'abus, et l'anarchie avait été si complète à cet égard, qu'il n'était pas facile de se reconnaître dans une masse de documents incomplets et disparates, souvent même en l'absence de pièces quelconques.

Le Préfet de Seine-et-Marne au commissaire des guerres.

23 juin 1814.

Monsieur,

Je réponds à la lettre que vous m'avez fait l'honneur de m'écrire ce 14 du mois, et par laquelle M. l'ordonnateur de la

3ᵐᵉ division vous demande un état des réquisitions frappées sur ce département, des quantités versées, des places où des versements ont eu lieu, et des comptables qui les ont reçus à partir du 1ᵉʳ janvier 1814, jusqu'au 31 de ce mois.

C'est avec raison que vous croyez ce travail considérable ; je pense même que l'on peut le dire inexécutable, car dans l'état actuel des choses, le concours des autorités civiles ne vous mettrait pas à même de satisfaire à la demande qui vous est faite.

Si M. l'ordonnateur Partelon n'avait pas été le témoin de tout le désordre qui régnait dans le mode de réquisition, le seul adopté dans ce département pour y assurer la subsistance des armées françaises qui l'ont occupé, et même pour envoyer aux armées, lorsqu'elles se sont à différentes fois portées en avant, si, dis-je, M. Partelon n'eût pas été témoin de tout ce désordre, peut-être serait-il nécessaire d'entrer dans beaucoup de détails pour lui faire connaître les difficultés que vous éprouverez à réunir les matériaux dont vous aurez besoin pour former l'état qu'il vous demande ; mais il doit suffire de lui rappeler que les vivres dépendant de l'administration de la guerre ont commencé à être totalement désorganisés dans mon département dès le mois de janvier, qu'à compter de cette époque, les autorités civiles des lieux où les troupes se trouvaient, se sont vues forcées de frapper des réquisitions ; que les chefs de ces troupes en frappaient souvent directement ; que nombre de commissaires des guerres en ont aussi frappé de leur côté, ainsi que les sous-préfets et quelquefois aussi M. l'intendant général. Rarement les objets requis arrivaient en totalité à leur destination : les maires, les commissaires des guerres, les chefs de corps en arrêtaient fréquemment la marche, parce que les troupes à la subsistance desquelles les uns et les autres étaient tenus de pourvoir manquaient de tout ; plus fréquemment encore, nos troupes elles-mêmes pillaient des convois de vivres. Enfin chacun avait et croyait avoir de l'autorité, et nul n'en avait assez pour maintenir l'ordre.

Les marches rétrogrades de nos troupes et l'invasion successive et plusieurs fois répétée de divers points du département ont fait tomber une grande quantité de magasins et de convois de subsistances au pouvoir de l'ennemi ; il faut le dire, ceux qui avaient la surveillance de ces magasins et convois prenaient bien des précautions, mais uniquement pour s'assurer une retraite et jamais pour conserver des denrées dont le rassemblement avait été difficile et la fourniture si préjudiciable aux fournisseurs des armées.

Je m'engage, Monsieur, à mettre ces observations sous les yeux de M. l'ordonnateur, elles lui feront probablement reconnaître l'impossibilité où vous êtes de lui fournir les états qu'il désire ; une ordonnance du roi de ce mois indique un mode de régularisation des réquisitions, il est à présumer que lorsque cette ordonnance sera exécutée en tout ou en partie, les difficultés se rapportant à ce que vous puissiez rassembler aujourd'hui les matériaux avec lesquels votre travail devrait être formé, disparaitront, car alors ces matériaux se trouveront réunis chez MM. les receveurs particuliers d'arrondissement.

Néanmoins, si M. l'ordonnateur a quelque moyen d'arriver plus promptement, ou bien qu'il en propose, engagez-le à le faire : vous les communiquerez, et s'il est en mon pouvoir de vous aider à remplir les lacunes, je vous seconderai volontiers.

Comte de PLANCY.

Bientôt les contribuables du département furent pressés de toutes parts, malgré leur détresse, par les agents des finances qui avaient reçu l'ordre d'encaisser les impôts arriérés. Le préfet fut accablé de plaintes et de sollicitations malheureusement trop justifiées, d'une foule de malheureux dont un grand nombre avaient tout perdu. Des communes entières, totalement épuisées par la guerre et par l'occupation étrangère implorèrent des délais par l'organe de leurs maires. Nous en citerons seulement quelques exemples, car le nombre en est trop considérable.

Le Maire de la commune de La Tombe à M. le Comte de Plancy, préfet du département de Seine-et-Marne

9 septembre 1814.

Monsieur le Préfet,

Les habitants de cette commune ont toujours payé exactement leurs impositions, ils peuvent le prouver; mais les pertes qu'ils ont éprouvées les mettent dans l'impossibilité de les payer en ce moment aussi exactement : aussi ils vous vous supplient de leur accorder délai jusqu'au 1er janvier prochain et d'ordonner la suspension des poursuites qu'on exerce en ce moment contre eux. Les frais, qui ne sont que trop souvent un objet de spéculation pour quelques personnes, ne feront qu'ajouter aux malheurs de mes concitoyens et ne les acquitteront pas envers le gouvernement.

Les habitants de la Tombe ont perdu tous leurs mobiliers,

la récolte de 1813 ; ils n'ont plus d'avances, mais bien de nouvelles dettes contractées pour remonter l'attirail d'agriculture. Ils ne peuvent, comme par le passé, payer avant d'avoir vendu la dernière récolte.

On ne récolte ici que du seigle que l'on sème en ce moment, ce qui est un nouvel obstacle à se procurer avec cette denrée de l'argent. Les cultivateurs étant entièrement occupés de leurs semailles, cette année, doivent tout prendre sur leur grange, ayant perdu tout ce qui constitue la basse-cour, vaches, moutons, volailles. Combien faut-il de sacs de seigles pour faire face à toutes les dépenses ?

Vous n'êtes pas étranger, Monsieur le Préfet, aux détails de l'agriculture. Vos connaissances embrassent toutes les parties de l'administration et vous jugerez qu'il est impossible d'avoir encore assez vendu de grain pour faire l'argent nécessaire. Daignez m'accorder ma demande.

Votre très humble et très obéissant serviteur.

CHABROL.

La situation douloureuse exposée par le maire de La Tombe se reproduit d'une manière analogue et peut-être encore plus pénible dans la commune de Mouy.

Le Sous-Préfet à M. le Préfet

Paris, le 24 septembre 1814.

Monsieur le Comte,

J'ai l'honneur de vous adresser une pétition présentée par différents cultivateurs de la commune de Mouy, tendant à ce qu'il soit ordonné, à M. le percepteur des contributions de ladite commune, de suspendre les poursuites commencées contre eux pour le payement des contributions de 1814.

Malgré la position désastreuse des habitants, il ne m'a pas été possible de leur répondre d'une manière satisfaisante; mais je leur ai promis de vous transmettre leur pétition.

Je le fais d'autant plus volontiers, Monsieur le Comte, que son contenu est le tableau fidèle de tous les malheurs qui ont accablé cette commune.

Je suis avec respect.

SIMON.

A Monsieur le Sous-Préfet de l'arrondissement de Provins

24 septembre.

Monsieur,

Les maire, adjoint et cultivateurs de la commune de Mouy ont l'honneur de vous exposer :

1º Que par l'effet de la dernière guerre, la majeure partie de leurs maisons et bâtiments ont été incendiés et démolis ;

2º Que tous leurs grains ou fourrages leur ont été pris ou enlevés ;

3º Que tous leurs bestiaux ont péri par l'épizootie qui a existé dans les environs ;

4º Que leurs récoltes ont été tellement détruites par la grêle du 7 juin dernier ;

5º Que toutes ces circonstances réunies les mettent dans la dure nécessité d'acheter des grains pour leur subsistance et l'ensemencement de leurs terres ;

6º Et que, nonobstant leur douloureuse position, M. le Percepteur des contributions directes les poursuit dans ce moment d'une manière rigoureuse pour le paiement de termes échus de leurs contributions.

En conséquence, ils vous supplient très humblement, Monsieur, de vouloir bien prendre leur position en considération et de faire suspendre la poursuite de M. le Percepteur, où de supplier pour eux afin que cette suspension ait lieu jusqu'à ce que M. le Contrôleur des contributions et l'expert que vous avez nommé pour vérifier et estimer les pertes, soient venus dans leur commune constater celles qu'ils ont éprouvées, n'entendant nullement se soustraire à une contribution imposée par le gouvernement, que dans le cas où ils seraient reconnus par ses agents, être dans l'impossibilité d'y satisfaire.

Ils osent compter sur votre humanité pour leur faire rendre la justice qu'ils réclament et ont l'honneur d'être avec la plus haute considération.

BERTRAND, maire,

Et huit signatures de cultivateurs.

Dans cette revue des désastres occasionnés par la campagne de 1814, nous n'aurons garde d'oublier la commune de Mouroux, l'une des plus maltraitées :

DÉPARTEMENT
de
SEINE-ET-MARNE

Arrondissement
de
COULOMMIERS

Commune
de
MOUROUX

Mouroux, le 5 octobre 1814.

A Monsieur le comte de Plancy, chevalier de la Légion d'honneur, Préfet du département de Seine-et-Marne.

Monsieur le Comte,

Le maire et l'adjoint de la commune de Mouroux ont l'honneur de solliciter votre puissante intervention auprès de Sa Majesté, pour obtenir en faveur des malheureux habitants de leur commune, devenus des victimes du département de la guerre par suite des incendies auxquels leurs habitations ont été livrées danr les différents passages des armées françaises et alliées, des secours que leur triste position les met dans la dure nécessité de réclamer.

Ils ont l'honneur de vous exposer qu'au passage de l'armée du général Sacken, qui s'effectua du 26 février au 1er mars, une vingtaine de maisons furent incendiées dans les hameaux des Aisances, du Bois-Guyot et de Voisins, d'autres le furent au passage de la grande armée qui eut lieu du 26 mars au 1er avril.

Le chef-lieu de leur commune et le hameau dit le petit Mouroux subirent le même sort le 7 avril.

Le nombre des maisons d'habitation qui dans ces circonstances ont été brûlées, s'élève à soixante-huit, non compris les bâtiments ruraux ; il a été prouvé à l'évaluation le dommage que les incendies ont causé aux habitants, et le procès-verbal qui le constate en porte la valeur (trop modérée) à plus de cent trente mille francs.

Le pillage auquel ces mêmes habitants ont été livrés, la perte que la commune en général a éprouvée en tous genres, dans toutes les circonstances, celles des bestiaux qu'elle éprouve encore aujourd'hui par suite de l'épizootie régnante les réduit à la plus grande détresse, et il sera impossible à la majeure partie d'entre eux de réparer leurs pertes, s'ils n'obtiennent des secours de la bienveillance de Sa Majesté.

Les suppliants, Monsieur le comte, pleins de confiance en votre protection, osent espérer, qu'accueillant favorablement leur exposé, vous voudrez bien l'appuyer de votre puissante recommandation auprès de Son Excellence le ministre de l'intérieur, faire parvenir leur supplique au pied du trône et solliciter en faveur des trop infortunés habitants de leur commune, des secours proportionnés à leurs pertes.

Les suppliants ont l'honneur d'être avec respect, M. le Comte, vos très humbles et très obéissants serviteurs.

Le Maire,

Solenne.

Le rapport suivant, du receveur particulier de l'arrondissement de Provins, établit nettement que les habitants de La Tombe et de Mouy n'ont pas exagéré leur misère, et constate en outre que *beaucoup* de communes sont dans le même cas.

TRÉSOR ROYAL

Département
de
Seine-et-Marne

Le Receveur particulier de l'arrondissement de Provins à M. Gars, receveur général à Melun

Provins, le 11 octobre 1814.

Monsieur,

J'ai l'honneur de vous retourner les pétitions des communes de La Tombe et de Mouy. La commune de La Tombe a, en effet, beaucoup souffert, comme presque toutes les communes qui bordent la Seine ; il n'a pas été fait de poursuites contre cette commune avant le mois de septembre, depuis cette époque, le percepteur a demandé les termes échus, mais sans presque aucun frais, en faisant seulement une tournée avec le porteur de contraintes.

Quoique cette commune paye ordinairement avec assez d'exactitude, je pense que le délai demandé par M. le maire jusqu'au 1er janvier serait trop long et même préjudiciable aux habitants, s'il ne leur était pas fait remise de moitié au moins de leurs impositions. A cette époque, les granges seront vides, il faudra alors diriger des poursuites rigoureuses et les habitants, au lieu de s'acquitter de mois en mois et peu à peu, tant de l'arriéré que des termes restant à échoir, seraient débiteurs de la totalité du rôle.

Il leur serait impossible de payer cette somme avant la mise en recouvrement qui éprouve toujours de la stagnation ; à cause des fermes, les poursuites se ralentissent, mais dès le commencement de novembre, les marchés deviennent considérables et c'est l'instant où le recouvrement ne saurait rester inactif sans risquer de laisser échapper les moyens qui peuvent seuls l'assurer.

Pour ce qui concerne la commune de Mouy, elle a souffert par la guerre, l'incendie et les gîtes ; les habitants pauvres ne sont point poursuivis. C'est l'invitation que j'ai donnée au percepteur ; quant aux fermiers et propriétaires, ils ont droit réellement à une indemnité et dégrèvement, mais je vous observe en même temps que beaucoup de communes sont dans le même cas et feront les mêmes réclamations, de sorte que je pense qu'il serait urgent d'envoyer des Commissions dans les communes qui le plus souffert, pour établir provisoirement les dégrèvements ou indemnités qui pourraient revenir à chaque particulier. Son état en serait remis à chaque percepteur et au receveur d'arrondissement et le recouvrement n'éprouverait aucun entrave.

J'ai l'honneur d'être Monsieur.

DÉSÉJOURNÉ.

Mais le tableau le plus navrant de tous les

maux qui accablèrent à cette époque notre malheureux département est retracé, avec une simplicité naïve qui n'en est que plus éloquente, par le maire de la commune de Monthyon :

Le maire de la commune de Monthyon, à M. le Sous-Préfet de l'arrondissement de Meaux.

Monsieur,

Je me fais un devoir de vous exposer avec fidélité le tableau de toutes les calamités qui ont passé sur la commune de Monthyon.

Depuis l'entrée des troupes ennemies sur le territoire français, elle a éprouvé le pillage fait par les Cosaques pendant dix jours consécutifs, elle a supporté quatre logements des troupes alliées lors de leur retour dans leur patrie : elle a fourni la nourriture pour les chevaux qu'elle a logés, elle a souffert aussi trois autres passages isolés qui ont fait de grandes réquisitions en pain, vin, vaches, foin et avoine. Cette commune a été surchargée de réquisitions de toute nature, au point que le fermier et le simple particulier se sont trouvés pour ainsi dire, dépourvus de tout, même pour les besoins les plus pressants, qui sont ceux de l'existence. Après les fléaux de la guerre, est survenue une épizootie qui a fait périr la presque totalité des vaches de cette commune, qui était la seule ressource qui lui restait pour exister après tant de calamités et de pertes plus terribles et plus insupportables les unes que les autres ; il paraîtrait que le malheur a épuisé sa fureur sur cette commune infortunée. Non, un fléau plus terrible encore y exerce ses ravages et porte le deuil et la désolation dans toutes les familles, dans la chaumière du pauvre comme dans l'habitation de celui à qui il reste quelque faible moyen d'existence ; une maladie épidémique, dite la maladie des prisons ou des armées, vient de réduire au tombeau soixante personnes, dont le plus grand nombre étaient pères ou mères de familles. Près de deux cents personnes ont été attaquées de cette maladie, obligés de garder le lit pendant quarante et cinquante jours, obligés de plus à faire usage de médicaments forts chers, qui ont épuisé les faibles ressources qui leur restaient, de sorte que presque tous sont sans aucun moyen pour exister : la mère tout éplorée de la perte de son époux, n'a que des pleurs et le désespoir à offrir à ses enfants qui lui demandent du pain. L'orphelin qui est resté sans soutien, attendrit par ses cris, excités par la faim, tous les voisins qui ne peuvent l'apaiser, manquant eux-mêmes du nécessaire.

Je m'adresse donc à vous, avec la plus grande confiance, Monsieur, pour que vous ayez la bonté de vous intéresser au sort de cette commune infortunée qui est sans aucune ressource dans son sein, auprès de Son Excellence le ministre de l'intérieur, pour qu'il vienne à son secours, pour aider ces victimes de l'infortune et de la misère à passer la saison rigoureuse ou nous allons entrer.

Vous ferez un acte de charité le plus méritoire, et vous rendrez l'existence à ceux qui ne cesseront de vous bénir comme leur bienfaiteur.

Je suis avec respect et obéissance, Monsieur, votre très humble et obéissant serviteur.

CHATELAIN.

On avait suggéré aux habitants de la commune de Trilport, l'une des plus maltraitées, l'idée d'implorer la compassion royale par l'intermédiaire du duc de Berry : ce moyen ingénieux n'eut pas le moindre succès. Les Bourbons avaient bien d'autres préoccupations.

A Son Altesse Royale Monseigneur le duc de Berry.

15 octobre 1814.

Monseigneur,

Les habitants de la commune de Trilport ont l'honneur de supplier Votre Altesse Royale de vouloir bien être leur appui auprès de Sa Majesté, afin d'apporter quelque adoucissement à leur affreuse position.

Victimes du pillage le plus complet, occasionné par trois invasions et trois retraites, l'explosion du pont de cette commune a mis le comble à leurs maux ; environ quarante maisons ont été incendiées ou démolies, toutes ont été pillées et dévastées ; aujourd'hui encore, leur situation est telle que plus de cent familles, la plupart sans gîte, sont couchées sur la paille et dans des étables. L'approche de la saison rigoureuse augmente l'horreur de leur position. Ils vous supplient de daigner leur être favorable, en leur faisant obtenir de prompts secours qui les mettent à même de retrouver un asile et des vêtements. Ils savent que Sa Majesté et son auguste famille sont continuellement occupés du soulagement de leurs peuples et que le cri de la justice n'est pas repoussé ; daignez le faire entendre en notre faveur et diminuer des maux dont le retour de nos princes a déjà suspendu le cours.

Les habitants de ce village, confiant dans leur amour et la bonté d'un prince qui se plait à répandre des consolations partout où il passe, attendent tout de son appui et de sa bienveillance.

Ils sont avec le plus profond respect, Monseigneur, de Votre Altesse royale, les très humbles et très obéissants serviteurs.

Suivent plusieurs signatures.

Dans plusieurs communes, quelques particuliers notables prirent l'initiative de solliciter les secours du gouvernement en faveur de leurs concitoyens plus malheureux. Un des plus persévérants de ces hommes de bien dans cette tâche ingrate est M. de Montginot, ancien conseiller à la Cour des comptes, propriétaire du château de Surville, où Napoléon avait établi son quartier général après la bataille de Montereau.

Lettre de M. de Montginot à M. le Préfet de Seine-et-Marne.

Monsieur le Comte,

On ne vous a sûrement pas présenté sous un aspect assez

pressant l'état déplorable du hameau des Ormeaux, près Montereau ; placé entre les deux armées le jour de la bataille, 5 à 6 maisons ont été la proie des flammes, les malheureux propriétaires ayant perdu tous leurs mobiliers, se trouvent sans asile, il est notoire qu'ils n'ont rien tiré de leurs vignes ; ils se voient sans asile et sans moyens de rétablir leurs maisons, et si l'hiver se passe sans qu'on travaille à leur rétablissement, le peu de murs qui subsiste tombera. On les a, je crois, exemptés de contributions en partie ; mais qu'est-ce que ce secours, auquel ils ont droit, pour la dégradation de leurs vignes et la perte de tous leurs échalas ? Quelques particuliers viendraient à leur secours, s'ils étaient aidés par le Gouvernement ; mais comment solliciter la charité si on ne pense pas pouvoir y suffire ?

J'ai l'honneur de vous représenter, M. le Comte, leur triste situation. Monsieur le comte de Digoine, sous-préfet de Fontainebleau, a vu les désastres, il a dû vous en rendre compte, ces dégats sont immenses pour eux ; trop forts pour les gens charitables, c'est réellement peu de choses pour le Gouvernement dans un si grand malheur ; 5 à 6 maisons aux Ormeaux, 2 à Montereau totalement brûlées, pourraient être rendues habitables à peu de frais. Il ne faut pas confondre des pères de famille qui ont tout perdu avec des personnes aisées qui seront réduites à la gêne, si on retarde les dédommagements auxquels ils ont droit. Ils béniront votre charitable sollicitude s'ils voient que vous conservez la vie des pères de famille, bien plus à plaindre qu'eux.

Daignez, Monsieur le Comte, prendre en grande considération ma demande ; il n'est pas que vous n'ayez, comme administrateur, des fonds dont la destination soit moins urgente. L'administration instruite par vous, Monsieur, consentira à en détourner une partie, et ces malheureux vous combleront de bénédictions.

J'ai l'honneur d'être avec la plus respectueuse considération, votre très humble serviteur.

MONTGINOT.

Surville près Montereau, le 23 novembre 1814.

Le rapport suivant adressé au préfet par le directeur des contributions, et suivi du résumé des pertes pour chaque arrondissement, donnera une idée nette et précise de leur importance et des difficultés considérables que l'administration rencontra pour en établir le chiffre et en effectuer la répartition suivant leur nature.

CONFECTION DE LA LIQUIDATION DES PERTES

EN 1814

PROJET DE L'INDEMNITÉ

A Monsieur le Préfet

Melun, le 5 novembre 1814.

Monsieur le Comte,

J'ai l'honneur de vous informer que toutes les pertes souffertes par les contribuables de la part des ennemis qui ont occupé ce département, dans les quatre premiers mois de cette année, ont été vérifiées par MM. les contrôleurs des contributions ; ils ont été obligés, pour remplir vos vues à cet égard et celles du gouvernement, de se rendre dans chacune des communes de leur arrondissement pour faire, sur les lieux mêmes, l'examen des déclarations fournies par les habitants.

Cette opération, à laquelle ils se sont livrés avec tout le zèle et l'activité possible, leur a déjà coûté beaucoup de temps et de dépenses ; mais il leur reste à faire un travail immense qui emploiera plus de trois mois de leur temps. C'est l'application du tarif à chaque article des pertes selon leur espèce, pour en constater les valeurs. L'état nécessaire à cette liquidation contient 28 colonnes à chaque page, et chaque état forme un cahier de 8 à 10 feuilles de papier *in-folio*. Vous pouvez, M. le Comte, juger de l'immensité du travail. MM. les contrôleurs ne peuvent le confectionner sans être aidés par des collaborateurs intelligents, qu'il faudra récompenser de leurs peines. Nous serons dans un mois à l'époque où MM. les contrôleurs feront une tournée dans leur division pour vérifier les états de non-valeurs sur 1814, et pour former les matrices des patentes de 1815.

Cette opération, à cause de la rigueur de la saison, les occupera deux mois, après lesquels ils auront à vérifier les réclamations qui seront parvenues sur les trois contributions qui seront mises en recouvrement au 1er janvier prochain. Ces vérifications les occupent annuellement jusqu'au 1er juin, époque des mutations pour l'année suivante. Je crois que la nécessité où sont MM. les contrôleurs d'avoir des collaborateurs pour la liquidation des valeurs des pertes, (ouvrages de cabinet) vous paraîtra évidente, puisqu'il ne leur restera, pendant sept à huit mois, aucun temps libre pour faire eux-mêmes cette liquidation.

Oserais-je donc, Monsieur le Comte, vous prier d'accorder

à MM. les contrôleurs la rétribution que vous jugerez convenable, pour l'indemnité de leurs frais, laquelle serait prélevée sur le fonds destiné aux contribuables pour l'indemnité de leurs pertes. J'ai l'honneur de vous proposer à cet effet, la somme de 10 fr. par commune, cette rétribution montera à 5,550 fr. pour 555 communes du département et à 555 fr. à peu près, pour chacun de MM. les contrôleurs; au nombre de 10.

Le rapport que j'aurai à vous faire sur tout le travail me nécessitera aussi des frais extraordinaires de bureau.

Veuillez les fixer, je n'estime pas plus mon indemnité que celle d'un contrôleur.

Je suis avec respect, Monsieur le Comte, votre très humble et très obéissant serviteur.

Le Directeur des contributions,

MAHOU.

25 Novembre 1814.

PERTES CAUSÉES PAR LES ÉVÈNEMENTS DE LA GUERRE

Relevé des états sommaires fournis par les sous-préfets

DÉPARTEMENT DE SEINE-ET-MARNE

ARRONDISSEMENTS	MONTANT sommaire et approximatif des PERTES	OBSERVATIONS
Melun	3,000,000 f.	Le sous-préfet n'a pas fourni l'état demandé d'après la richesse relative de l'arrondissement et l'importance des évènements dont il a été le théâtre, ainsi que des passages et séjours qu'il a subis. Les pertes ont paru pouvoir être modérément évaluées à 3,000,000 fr. L'état présente des lacunes.
Coulommiers .	5,227,997	
Meaux	15,683,136	
Fontainebleau.	1,625,575	
Provins	7,438,239 f.	
Total....	32,974,947 f.	

La préfecture, en présence de cet énorme chiffre de pertes, ne disposait que de ressources insignifiantes pour venir en aide à un petit nombre de nécessiteux dont les besoins étaient de la plus extrême urgence. C'est ce qui ressort de la réponse de M. de Plancy à la sollicitation de M. de Montginot en faveur des infortunés vignerons des Ormeaux.

Le Préfet de Seine-et-Marne à M. de Montginot, à Surville, près Montereau.

30 novembre 1814.

Monsieur,

J'ai reçu la lettre que vous m'avez fait l'honneur de m'écrire, relativement aux pertes éprouvées par les habitants de la commune des Ormeaux. Je connais toute l'étendue des désastres qu'ils ont éprouvés, on s'occupe d'en dresser l'état.

Ils auront partie des faibles secours dont je puis disposer; j'en sollicite de plus considérables ; si je les obtiens, vous devez penser que je m'empresserai de leur en distribuer une bonne partie.

Cependant, Monsieur, vous connaissez les charges excessives du Gouvernement et les besoins qu'il éprouve, vous devez penser que dans de pareilles circonstances il lui est difficile d'être généreux.

Veuillez cependant être persuadé que je ferai tout ce

qui dépend de moi pour venir au secours des gens qui en ont véritablement besoin.

Comte de Plancy.

Il est un fait à la gloire des habitants de Seine-et-Marne, au milieu de tant de désastres dont tous furent atteints dans une plus ou moins grande proportion : ceux qui malgré leurs pertes sensibles conservaient des moyens d'existence suffisants, refusèrent spontanément toute indemnité pour les réquisitions ou pertes qu'ils avaient subies, et firent reporter l'avantage des secours et dégrèvements attribués au département, sur leurs concitoyens plus malheureux. C'est là un admirable exemple de solidarité patriotique auquel le Préfet de Seine-et-Marne rend un hommage mérité dans une circulaire aux sous-préfets.

ABANDON D'INDEMNITÉS POUR PERTES OU D'EXCÉDANT DE RÉQUISITION

Le Préfet de Seine-et-Marne, comte de l'Empire, membre de la Légion d'honneur, à MM. les Sous-Préfets.

Melun, le 9 décembre 1814.

Messieurs,

Les pertes que la guerre a fait éprouver aux habitants de

ce département sont extrêmement considérables ; il n'en est presque pas un qui n'ait été froissé par les circonstances pénibles qu'il a fallu traverser ; mais tous n'en n'ont pas été également accablés. Les uns, réduits par la perte totale de ce qu'ils possédaient à une détresse très voisine de l'indigence, ne pourraient s'acquitter des contributions qu'ils redoivent si le gouvernement n'appliquait à leur soulagement le fonds de dégrèvement promis par la loi sur les finances. D'autres ont conservé assez de ressources pour se libérer au moyen des ménagements que doivent employer les agents du recouvrement ; un certain nombre enfin, malgré l'étendue des pertes militaires qu'ils ont essuyées, trouvent dans le revenu de leurs immeubles et dans les propriétés qu'ils ont conservées, le moyen de venir au secours des contribuables les plus malheureux en renonçant au partage des remises que le Gouvernement se propose d'accorder.

Déjà plusieurs propriétaires animés de ce sentiment et pénétrés de la nécessité d'alléger autant que possible le fardeau dont l'Etat est grevé, se sont opposés à ce que leur nom figurât dans l'état des pertes. Cet acte de désintéressement leur a déjà mérité les remerciements du ministre des finances, et Son Excellence ne doute pas que le Roi ne l'accueille avec satisfaction.

Je connais trop bien le zèle des habitants de ce département pour ne pas être persuadé que cet exemple vraiment patriotique trouve beaucoup d'imitateurs. C'est à vous M., c'est aux maires dont les qualités personnelles et la fortune fortifient l'influence, qu'il appartient de donnner l'éveil par des communications toutes confidentielles à la classe des contribuables assez heureuse pour pouvoir donner au prince une pareille preuve de dévouement.

Je n'ai pas besoin de vous dire que je m'empresserai de faire connaître au Gouvernement les abandons, soit d'excédant de réquisitions, soit le montant des pertes dont vous m'informerez successivement.

Je vous serai obligé de ne pas laisser ignorer l'importance du sacrifice que chaque contribuable aura fait pour le bien général.

Comte DE PLANCY.

Parmi les habitants de Seine-et-Marne qui furent le plus éprouvés par la guerre, il faut faire une mention spéciale pour les maîtres de poste. Il semble que les troupes étrangères se soient particulièrement acharnées contre ces malheureux, ravageant leurs champs, pillant leurs demeures, détruisant leurs voitures, enlevant leurs chevaux, leurs harnais et leurs fourrages. Il serait fastidieux de reproduire l'interminable énumération des pertes et des avanies de tout genre relatées à leur égard par les pièces justificatives que nous avons sous les yeux ; nous nous bornerons à en donner le résumé succinct.

Les Alliés enlevèrent à Mme veuve Gibert, maîtresse de poste à St-Jean-les-deux-Jumeaux, 40 chevaux, tous ses harnais, ses provisions, son linge, et détruisirent son matériel agricole. Ses pertes, dûment constatées, s'élevèrent à la somme de 110,000 francs.

M. Brouillard, maître de poste à Bussières se

vit voler 12 chevaux, leurs harnais et une provision considérable de grains et fourrages.

On enleva à M. Lestumier, maître de poste à Nangis, 18,000 bottes de fourrage et 150 hectolitres d'avoine.

M. Arnould, maître de poste à Provins, perdit 21 chevaux et un grand nombre d'objets représentant une valeur de 18,000 francs.

M. Guichard, maître de poste à La Ferté-sous-Jouarre, fut dépouillé de tout son attirail, sans exception : harnais, approvisionnements de toute espèce et 70 chevaux.

M. Fouquet, maître de poste à Fontainebleau, avait deux fermes, l'une à Fleury, l'autre à Saint-Martin ; elles furent pillées de fond en comble.

M. Beltante, maître de poste à Fossard, se vit enlever 17 chevaux, leurs harnais et une quantité d'objets divers pour une valeur totale de 20,000 francs.

M. Guilleminaut, maître de poste à Pomponne, perdit 2 chevaux et toutes ses provisions de grains et fourrages.

Les Alliés volèrent au maître de poste de Meaux quinze chevaux et dévastèrent sa maison.

Ils enlevèrent à M. Hidouin, maître de poste à

Claye, 5 chevaux, tous ses bestiaux, son linge, son vin, ses provisions. Perte totale : 47.000 francs.

Pour donner une idée de l'étendue des malheurs qui frappèrent ces pauvres gens, nous publierons comme exemple, la demande de secours adressée au directeur général des postes, par M. Guichard, de La Ferté-sous-Jouarre.

Le Maître de Poste de La Ferté-sous-Jouarre, à Monsieur le Directeur Général des Postes de la France

8 avril 1814.

Monsieur le Directeur Général.

Les malheurs déplorables de la guerre se sont appesantis sur moi d'une telle force, qu'en peu de jours j'ai vu disparaître un établissement que mon père avait formé avec beaucoup de peine, et qui pouvait être remarqué par sa tenue et son importance.

Les divers passages des armées par La Ferté-sous-Jouarre, ont enlevé jusqu'à la trace de ma fortune.

J'ai perdu 70 chevaux, il m'en restait 10; je les ai envoyés, par ordre de M. Lavalette, en service sur la route de Fontainebleau, et je n'ai pas pu découvrir ce qu'ils sont devenus.

J'ai perdu mes voitures, mes harnais, mes approvisionnements en grains et fourrages, qui consistaient en 75,000 bottes de foin et de luzerne, 700 hectolitres d'avoine, 120 septiers de blé, 40 cordes de bois, 18 pièces de vin, une pièce d'eau-de-vie. Tout a disparu.

Pour alimenter la poste, j'avais une exploitation rurale assez considérable, elle est réduite à rien, on y a enlevé, gaspillé et brûlé tout.

J'ai perdu 300 moutons mérinos, 12 porcs, 28 vaches, 700 volailles, deux cabanes de berger et deux parcs à moutons, deux voitures, 20 herses, 6 charrues. Les fourrages, blés en grains et en gerbe et, outre ce, tous les ensemencements qui consistaient en douze hectares de gros blé, qui ont été dévastés, en un mot, pour rendre la place nette, on m'a coupé 150 arbres.

J'avais caché dans la terre 6,000 francs qui étaient destinés au service de mon établissement. La fatalité a voulu qu'ils aient été découverts et pris.

Ainsi, après avoir eu la perspective d'une existence honnête et assurée, me voilà, M. le Directeur général, réduit à la misère.

Mon père et celui de mon épouse ont éprouvé le même sort que moi et, au lieu de me secourir, ils ont besoin de l'être eux-mêmes.

Dans cet état de choses, Monsieur le Directeur Général, j'implore, par votre intermédiaire, la bienveillance du gouvernement, je me mets sous l'égide de la justice, et, avec votre recommandation, j'aurai sûrement part à ses bontés.

Un secours provisoire surtout me devient de la première nécessité, pour réorganiser médiocrement mon établissement et essayer quelques ensemencements.

Je le sollicite avec l'accent de la douleur et du besoin, qui sans doute exciteront votre compassion.

J'ai l'honneur d'être avec respect, Monsieur le Directeur Général

GUICHARD.

Des malheurs si dignes d'intérêt, une ruine aussi complète ne pouvaient manquer d'émouvoir le directeur général des postes; malheureusement, malgré sa bonne volonté, il ne disposait, pour ainsi dire, d'aucun moyen d'alléger ces infortunes. Les sommes qu'il accorda à titre de secours étaient dérisoires, et à peine suffisantes pour procurer les objets de première nécessité à des gens dépouillés de tout.

POSTES-RELAIS DE FRANCE

Le Ministre d'État, Directeur Général des Postes, à Monsieur le Préfet du département de Seine-et-Marne

Paris, le 13 décembre 1814.

Je remarque, Monsieur, que plusieurs maîtres de postes de votre département, ont éprouvé des pertes majeures par suite des événements de la dernière guerre.

L'administration n'a d'autres moyens de les indemniser de ces pertes, qu'en les faisant participer aux secours que le gouvernement est autorisé à accorder sur le montant du budget des années 1814 et 1815. A cet effet, je pense qu'il serait nécessaire que des états réguliers vous fussent adressés, afin que vous en fassiez comprendre le montant dans le travail général que vous devez transmettre à Son Excellence le Ministre de l'Intérieur, chargé de régler les indemnités qu'il sera possible d'accorder à chacun.

Je prends donc le parti de vous adresser les états de cette

nature, qui me sont parvenus de la part des maîtres de poste de votre département ; je vous serai obligé, Monsieur, de les réunir aux autres documents que vous pourriez déjà avoir sur les pertes dont il s'agit, et d'en faire usage de la manière que vous jugerez le plus convenable aux intérêts des maîtres de postes.

La position difficile dans laquelle ils se trouvent, et l'importance de leur service, fixeront, je n'en doute pas, votre attention en leur faveur. Je vous prie de leur accorder tous les avantages qui dépendent de votre administration,

Je crois devoir ajouter, Monsieur, que le Conseil n'a pu se refuser à venir au secours de quelques-uns de ces maîtres de postes, afin d'éviter une interruption totale dans leur service, qu'aurait nécessairement occasionnée l'enlèvement ou la dispersion de la plupart de leurs chevaux.

Les secours qui ont été alloués à ceux de votre département, s'élèvent à la somme de 4,600 francs, suivant le détail qui est au bas de la présente.

J'ai l'honneur, Monsieur, de vous saluer avec une parfaite considération.

Ferrand.

Note des relais qui ont obtenu des indemnités et dont les pièces font partie du présent, savoir :

Saint-Jean-les-Deux-Jumeaux.	500 fr.
Nangis.	400 —
Bussières.	400 —
Neuilly-sur-Marne	300 —
Fossard.	1,000 —

L'Ecluse	400 fr.
Melun	» » —
Fontenay.	200 —
La Ferté-sous-Jouarre	900 —
Fontainebleau	500 —
Meaux	» » —
	4,600 fr.

On voit combien les infortunes étaient grandes, et abandonnées pour ainsi dire à elles-mêmes, tant les secours étaient tardifs et insuffisants.

La ville de Crouy-sur-Ourcq, une de celles qui avaient le plus souffert de la guerre avait peine à obtenir quelque allégement, et le sous-préfet de Meaux devait invoquer auprès du préfet l'exemple des localités voisines du département de l'Aisne, plus favorablement traitées, bien que n'étant pas plus intéressantes.

Le Sous-Préfet de l'arrondissement de Meaux, chevalier de la Légion d'honneur, au Préfet de Seine-et-Marne.

Meaux, le 27 janvier 1815.

Monsieur le Comte,

J'ai l'honneur de vous adresser une lettre de Monsieur le

Maire de Crouy-sur-Ourcq, par laquelle ce fonctionnaire trace la situation ce cette ville infortunée qui a souffert toutes les horreurs de la guerre et dont les habitants, privés de tout ce qui est nécessaire aux besoins de la vie, ne peuvent acquitter leurs contributions arriérées.

Limitrophe du département de l'Aisne, la ville de Crouy voit des communes voisines jouir non-seulement de la remise des contributions extraordinaires, mais encore d'un quart des impositions ordinaires. Ayant éprouvé les mêmes malheurs, la ville de Crouy réclame la même faveur, et elle ne peut douter du succès de sa demande sous un Roi qui règne sur autant d'enfants qu'il compte de sujets, et qui consacre tous ses moments à leur bonheur.

Monsieur le receveur particulier auquel j'ai communiqué la lettre ci-jointe, partage mon vœu pour qu'il soit pris une décision prompte sur les remises à accorder au département : cela est d'autant plus nécessaire que la marche du recouvrement des contributions arriérées est singulièrement entravée.

Enfin, le travail de l'examen des certificats de réquisition, la délivrance des certificats d'excédant, consument un temps précieux, et il est temps de se débarrasser d'une comptabilité aussi fastidieuse.

J'ai l'honneur de vous prier de solliciter pour votre département la même faveur que celle obtenue pour celui de l'Aisne.

J'ai l'honneur d'être avec respect, Monsieur le Comte, votre très humble et très obéissant serviteur.

GODART.

ARRONDISSEMENT
DE
MEAUX
—o—

Le Maire de la ville à M. le Sous-Préfet de Meaux.

Crouy-sur-Ourcq, le 22 janvier 1815.

Permettez, Monsieur, que j'aie l'honneur de vous exposer la situation pénible dans laquelle se trouve la commune de Crouy, après les pertes quelle a éprouvées pendant trois jours consécutifs, par un corps d'armée des puissances alliées.

Cette commune a été livrée entièrement au pillage pendant ces trois jours, toutes les maisons ont été dévastées, tous les meubles brûlés, de sorte que la plupart de ses pauvres habitants sont réduits depuis cette époque à coucher sur la paille; ce qu'il y a de bien dur pour eux, est de se voir poursuivis pour les contributions.

J'ai fait tout ce qui a été en mon pouvoir pour les exhorter à en payer le plus qu'ils pourraient; ils ont tous la bonne volonté, mais malheureusement, pour la plupart, aucunes ressources. Quand ils sont pas trop tourmentés, ils viennent me trouver en pleurant, me demander s'il n'y aurait pas moyen d'avoir une diminution; enfin à leurs sollicitations, je leur ai promis que j'allais avoir l'honneur de vous écrire à ce sujet, étant intimement convaincu que vous ferez tout ce qui dépendra de vous pour leur rendre service, si toutefois cela était possible. Ce qui leur fait encore plus de peine dans ce moment, c'est de savoir que dans les communes du département de l'Aisne dont il y en a une qui n'est qu'à un quart de lieu de Crouy, où ils ont le même corps d'armée, et conséquemment la même dévastation, ils ont obtenu une remise non-seulement de l'extraordinaire, mais même d'un quart sur le restant des contributions. Je vous avoue que j'ai eu bien de la peine à croire cette nouvelle; mais j'ai fini par en être convaincu, ayant vu des personnes dignes de foi qui m'ont assuré en avoir vu la loi.

C'est d'après cet exposé, Monsieur, que je m'adresse à vous avec confiance, ayant tout lieu d'espérer que vous voudrez bien, si cela vous est possible, vous intéresser en faveur de ma pauvre commune, qui vous en aura, ainsi que moi, la plus sincère reconnaissance.

J'ai l'honneur d'être avec la plus parfaite considération, votre très humble et très obéissant serviteur.

Daguin de B.

De leur côté, les communes de Rouilly, Saint-Brice, Voulton, Saint-Martin-des-Champs, Courchamp, Saint-Léger et Mortery, adressèrent au ministre des finances une pétition collective pour que l'administration des finances se montrât moins rigoureuse pour le recouvrement des contributions dans un pays momentanément épuisé.

ARRONDISSEMENT
DE
PROVINS
—
DÉPARTEMENT
de
SEINE-ET-MARNE

A Monseigneur le Ministre des Finances, les communes de Rouilly, Saint-Brice, Voulton, Saint-Martin-des-Champs, Courchamp, Saint-Léger, Mortery.

6 février 1815.

Monseigneur,

Nous mettrions notre gloire et notre bonheur à faire hommage au gouvernement du montant des réquisitions et pertes que nous avons essuyées, mais nous sommes dans une trop grande misère.

1º Nos réquisitions et nos pertes sont considérables ;

2º Réduits à peu de bétail, la plus grande partie restante a été la proie de l'épizootie ;

3º Nous avons très peu récolté de blés, nos champs ayant été abimés par les armées ;

4º Nous n'avons pas fait le quart des avoines, faute de chevaux et de semences ;

5º Le peu d'avoines qu'on a fait a été semé trop tard et elles sont brûlées ;

6º Nos vins, nos poires, haricots et pommes de terre ont manqué ;

Cependant, nous sommes vivement pressés par les percepteurs des contributions.

Nous nous sommes efforcés, pour celles de 1814, et nous continuerons nos efforts pour en achever le payement.

Mais, Monseigneur, il nous sera impossible de payer les contributions de 1815 pour lesquelles nous allons être recherchés, sans l'assistance du gouvernement ; c'est pourquoi, Monseigneur, nous supplions Votre Grandeur de nous apporter secours. Nous la prions d'apporter un sursis pour nos contributions de 1815, jusqu'à l'arrivée de ce secours que nous osons solliciter.

Et pour qu'elles puissent être payées :

1º D'ordonner que les reconnaissances d'excédant de nos bons de réquisitions seront reçues en à-compte sur lesdites réquisitions de 1815 ;

2º De nous accorder, soit à titre de secours, soit à titre d'à-compte sur nos pertes dont le gouvernement a bien voulu promettre dédommagement, telle somme qu'il plaira à Votre Grandeur, en observant que cette somme rentrera de suite dans la caisse du gouvernement, attendu qu'elle sera aussitôt employée à solder ses impositions.

Nous sommes avec respect, Monseigneur, vos très humbles et obéissants serviteurs.

Les maires soussignés,

Neuf signatures.

Quant à Trilport, qui avait grand espoir en son invocation au duc de Berry, il ne tarda pas à éprouver une amère déception, et privé de tout secours, vit l'état déplorable de ses habitants empirer constamment. Un propriétaire de cette commune en fait un triste tableau dans la lettre suivante, adressée au Préfet.

Paris, 18 février 1815.

Monsieur le Comte,

Son Excellence le Ministre des Finances, que j'ai vu avant-hier soir, m'ayant fait l'honneur de me dire qu'il avait mis à votre disposition une somme d'environ cent cinquante mille francs, destinée à être distribuée en secours aux communes de votre département qui ont le plus souffert, je viens, Monsieur le Comte, vous rappeler tous les désastres de Trilport et la situation déplorable où se trouve encore ce village. Vous avez eu la bonté de descendre dans les détails de ses misères, et de me promettre de les soulager. Vous m'avez même demandé, lors du passage de Mgr. le Duc de Berry, une note des plus nécessiteux, par suite des évènements de la guerre, et j'ai eu l'honneur de vous en désigner de concert avec le maire, 30 ou 35, incendiés et sans ressources; c'est sur ces malheureux et sur quelques cultivateurs, non incendiés, mais ruinés et qu'il importe de mettre à même de ne pas interrompre les travaux de l'agriculture, que j'appellerai votre justice et votre sollicitude. J'ose vous assurer que Trilport, à cause de sa situation géographique, des trois pillages qu'il a éprouvés, sa dévastation enfin et l'incendie d'une partie considérable de ses habitations, est un des endroits de toute la ligne d'opérations qui ont le plus souffert.

Encore à mon dernier voyage, il y a 15 jours, j'ai trouvé près de *40 familles sur la paille*. Etat affreux dans la saison rigoureuse, qui me laisse un profond regret de ne pouvoir par moi-même venir plus efficacement à leur secours. Mais la ruine de mes propriétés dans ce village m'ôte toute ressource et m'impose rigoureusement la privation d'une si douce satisfaction.

J'ai été bien malheureux, Monsieur le Comte, lorsque j'ai été à Melun, dernièrement, pour avoir l'honneur de vous entretenir de cet objet et des contributions de 1814. Vous étiez à Paris dans ce moment; j'ai prié la personne à qui j'ai parlé à la préfecture, de vous remettre une lettre qui traitait de cette affaire. On nous avait menacés de nouvelles poursuites que M. le Directeur des contributions et M. le Receveur Général ont fait cesser; ils ont senti que *Trilport ruiné comme il est* ne peut, sur la récolte dernière, naturellement médiocre, payer deux années de contributions ; nous ferons tous nos efforts pour payer exactement 1815, mais nous réclamons de votre justice une décharge totale de 1814, vous priant de l'assurer, ou par une demande officielle, que Son Excellence le ministre des finances m'a paru disposé à accueillir, ou sur les fonds qui ont été mis à votre disposition, si la nature de leur destination le permet.

Nous attendons, M. le Comte, cet acte de justice de votre sollicitude.

La décharge des contributions de 1814 et de prompts secours pour les incendiés et les plus nécessiteux,

J'ai l'honneur d'être respectueusement, M. le Comte, votre très humble et très obéissant serviteur.

De Ponton d'Amécourt.

Rue St Jacques, 234, Paris.

Le gouvernement de Louis XVIII, que M. de Montginot considérait naguère comme celui d'un père sans cesse occupé d'assurer le bien-être de ses enfants tardait bien à intervenir. Le même philanthrope en effet, avait eu aussi peu de succès dans ses demandes de secours *un an* après la bataille de Montereau que le premier jour.

Ce 18 février 1815.

A M. le Préfet de Seine-et-Marne

C'est un an après la bataille de Montereau que je viens solliciter votre justice et votre autorité pour de pauvres malheureux vignerons qui ont perdu tout ce qu'ils avaient, dont les maisons ont été incendiées, qui ont vu brûler tous leurs échalas, n'ont fait aucune récolte l'année dernière et qui, depuis un an, n'ont reçu aucun secours. Ils sont à la merci de tous leurs voisins, et sans la charité de M. Renaud, dévasté lui-même, ils n'auraient su où se reposer. Mais enfin lui-même veut faire des réparations: ses maisons, sans couverture depuis un an, se dégradent, et si, par votre sollicitude auprès du gouvernement, auprès de Monsieur, à qui nous avons eu l'honneur de présenter un mémoire resté sans réponse, ou auprès de toute autre source de secours, vous ne pouvez rien obtenir, voilà une seconde année qui consommera leur misère et affligera les cœurs de toute personne sensible, qui, écrasée elle-même, voit l'impossibilité où elle est de réparer ces dégâts en entier.

Plus la bataille de Montereau a été meurtrière et disputée, plus elle a été utile à la rentrée du meilleur des rois, plus les dévastations partielles ont été réparées par les propriétaires qui ont pu le faire, moins ils peuvent, dans une ville aussi peu populeuse, réparer des misères totales. Mais aussi ces destructions qui appellent l'attention du gouvernement sont moins considérables, et quand, après tant de causes de destructions, il ne reste de ruines totales que sept maisons de vigneron, sa justice et l'humanité réclament du gouvernement des secours qui puissent aider ces malheureux.

Je ne sais pas, M. le Comte, quel sera le mode de dégrèvement pour ceux qui ont souffert dans leur propriété, ni quel parti on prendra dans le département qui vous est subordonné; mais il me paraît impossible que dans un théâtre d'une bataille disputée et occupé si longtemps, qui ne réclame qu'un si léger secours, notre commune ne voie pas réparer les ruines qui l'affligent.

Nous avons présenté un mémoire à Monsieur le ministre des finances, nous n'en n'avons pas de réponse. Je me suis adressé à plusieurs personnes, toutes m'ont dit que c'est vous, Monsieur, qui devez présenter nos réclamations. Daignez, Monsieur, considérer la misère horrible de sept particuliers français, le peu qu'il faudrait dans une si grande dévastation pour réparer le reste des dommages, et l'impossibilité où sont ceux qui ont souffert eux-mêmes, de réparer ces malheurs.

Daignez, Monsieur le Comte, venir au secours d'une

ville ravagée ; veuillez présenter aux ministres notre situation, celle surtout de nos incendiés ; veuillez obtenir pour eux soit des fonds, soit des bois, veuillez, vous le pouvez seul, indiquer à la charité parisienne les moyens de concourir à cette bonne œuvre : la ville de Montereau et sa dévastation sont assez connues, et une recommandation appuyée de vous ferait verser des secours, qui nous mettraient en état de faire cesser les malheurs de ces familles.

C'est au nom de toute la ville, Monsieur, c'est au nom de tous les cœurs sensibles, que je vous supplie de faire pour ces malheureux tout ce que votre justice, votre charité, et votre influence pourront vous dicter.

J'ai l'honneur d'être avec la plus respectueuse confiance, Monsieur le Comte, votre très humble serviteur.

MONTGINOT.

Rue du Temple, n° 40, Paris.

Comme couronnement à cette deuxième partie de notre étude sur l'invasion de 1814 en Seine-et-Marne, nous aurions désiré pouvoir reproduire un tableau complet des pertes éprouvées par chaque commune. Malheureusement, malgré toutes nos recherches, nous n'avons retrouvé dans les archives du département que le détail des pertes des communes des arrondissements de Provins et de Meaux : il est juste de faire observer d'ailleurs que ce sont ceux qui ont le plus souffert, de beaucoup.

Arrondissement de **PROVINS**
—o—
CONTROLE de
M. LESTUMIERS

Relevé des états de pertes irrégulières des communes de l'arrondissement de Provins, composant le contrôle de M. Lestumiers.

COMMUNES	DATE DES ÉTATS	MONTANT des ÉTATS	
Baby	4 Janvier 1815	12.943 fr.	» c.
Balloy	9 Février 1815	42,388	»
Bazoches . . .	id.	131,265	»
Bray	18 Janvier 1815	160.794	25
Cessoy	9 Février 1815	10,391	»
Chalautre . . .	7 Décembre 1814	49,573	»
Chalmaison . .	24 Novembre 1814	19,011	46
Chapelle-Rab. .	16 Janvier 1815	9,150	67
Châteaubleau .	13 id.	10,846	»
Châtenay . . .	13 id.	39,745	23
Coutençon . . .	15 id.	10,411	39
Donnemarie . .	12 Décembre 1814	30,176	»
Dontilly . .	1er id.	59,933	»
Egligny . . .	3 Février 1815	71,190	98
Everly	19 Décembre 1814	70,454	»
Fontaine-Fourch.	23 Juin 1814.	273,243	67
Fontains . . .	1er Février 1815	29,590	12
Gastins. . . .	3 Décembre 1814	10,406	»
Gouaix. . . .	19 Décembre 1814	15,684	40
Gravon. . . .	9 Février 1815	21,827	»
Grizy	29 Décembre 1814	68,155	»
Gurcy	7 Décembre 1814	20,577	99
Hermé	19 Décembre 1814	38,314	»
Jaulnes. . . .	29 Décembre 1814	91,222	»
La Croix . . .	4 Janvier 1815	34,169	»
Lizines-Sognoles	1er Février 1815	70,940	70
La Tombe. . .	9 Février 1815	90,734	»
Les Ormes . .	29 Janvier 1815	102,442	78
	A reporter...	1,565,236 fr. 64 c.	

COMMUNES	DATES DES ÉTATS	MONTANT des ÉTATS	
	Report...	1,565,236 fr.	63 c.
Luisetaines . . .	13 Décembre 1814	36,877	»
Meigneux . . .	4 Janvier 1815	16,000	»
Mons	id.	13,382	»
Montigny-l-Gues.	29 Décembre 1814	51,123	»
Montig.-Lencoup.	12 Décembre 1814	43,753	»
Mousseaux-l Bray	29 Décembre 1814	109,315	»
Mouy	id.	93,072	»
Nangis	6 Janvier 1815	289,172	»
Noyen	29 Décembre 1814	84,699	»
Paroy	19 Février 1815	9,746	23
Passy	4 Janvier 1815	43,753	»
Rampillon. . .	13 Février 1819	151,153	»
Savins	30 Janvier 1815	18,827	04
Sigy.	12 Décembre 1814	6,575	»
Soisy	3 Décembre 1814	4,431	»
Saint-Just. . .	13 Janvier 1815	2,345	90
Saint-Sauveur .	19 Février 1815	89,662	»
Thénizy . .	16 Février 1815	13,565	»
Valjouan . . .	13 Janvier 1815	31,855	»
Vanvillé . . .	13 Novembre 1814	43,646	»
Villenauxe-la-Petite.	8 Février 1815	143,176	»
Villeneuve-l-Bordes.	9 Mars 1815	65,937	57
Villiers-sur-Seine	29 Décembre 1814	100,404	»
Vimpelle . . .	13 Janvier 1815	125,153	67
Villuis . . .	29 Décembre 1814	106,567	01
	Total...	3,258,427 fr.	06 c.

Certifié véritable, par nous, Sous-Préfet de l'arrondissement de Provins, le 4 avril 1815.

Signé : SIMON.

ARRONDISSEMENT DE MEAUX

Meaux, le 23 mai 1814.

Extrait du Registre des avis et arrêtés de la Sous-Préfecture

NOMS des COMMUNES	ÉVALUATIONS des PERTES	NOMS des COMMUNES	ÉVALUATIONS des PERTES
Jouarre...	360,640 fr.	Cocherel...	17,260 fr.
Chambry..	63,530	Dhuizy...	10,583
Crégy....	54,700	Villevaudé..	95,035
Juilly....	75,750	Vareddes..	83,725
Montry...	36,690	Oissery...	23,295
Penchard..	56,082	Marchémoret	4,610
Villenoy...	61,350	Forfry....	12,140
Changis...	5,542	Courtry...	56,930
Tancrou...	123,737	Bassevelle..	165,430
Jaignes...	179,810	Plessis-Placy	36,440
May.....	173,628	Carnetin...	33,340
Trocy....	39,406		

Nous, Sous-Préfet de l'arrondissement de Meaux,

Vu l'état des pertes éprouvées par chacune des vingt-trois communes dénommées ci-dessus, à raison des évènements de la guerre ;

Vu les évaluations qui en ont été faites par MM. les contrôleurs des contributions de notre arrondissement,

Considérant que toutes les communes dont la nomenclature est ci-dessus, ont essuyé des pertes considérables, tant par les horreurs du pillage auquel se sout livrées les troupes ennemies que par l'enlèvement des denrées, instruments aratoires, bestiaux de toutes espèces et effets mobiliers ; que l'état désastreux où se trouvent ces communes établit leur droit à la bienveillance du Gouvernement ;

Considérant que les évaluations faites par MM. les contrôleurs, comparées aux estimations faites par les particuliers et conseillers municipaux, sont de beaucoup inférieures à ces dernières, ce qui dépose en faveur de l'impartialité et de l'exactitude de leur travail,

Sommes d'avis qu'il y a lieu pour M. le Préfet de faire accorder à ces communes par la commission centrale les secours auxquels elles ont droit.

Pour copie conforme destinée à M. le Préfet de Seine-et-Marne.

Le Sous-Préfet de l'arrondissement de Meaux.

Godart.

CONCLUSION

Cette esquisse restreinte d'une des époques les plus dramatiques de notre histoire évoque des souvenirs sur lesquels il importe de méditer. Jamais peut-être la grande image de la patrie épuisée, se redressant pour un suprême effort, n'est-elle apparue avec autant d'éclat que dans cette courte campagne de 1814. Se ralliant autour de l'ambitieux sinistre qui avait semé les cadavres de leurs frères sur tous les champs de bataille de l'Europe, les derniers nés des familles françaises luttèrent en héros contre les vieilles troupes étrangères, mais c'est en vain qu'ils opposaient aux envahisseurs le rempart de leurs faibles poitrines : Ils sont trop! disaient-ils en tombant. Ceux auxquels leur âge interdisait l'entrée de l'armée ne furent pas moins dignes de notre admiration par leur énergie et leur dévouement. Pour ne citer que des concitoyens, nous avons le droit d'être fiers des défenseurs volontaires de Moret et de Nemours, des cultivateurs de Crécy, de Fontenay et de Guignes se mettant spontanément avec leurs charrettes au service des troupes en présence de l'ennemi; de ce Melunais, M. Debeyne, qui expulsa les Cosaques de Melun, au premier rang des chasseurs du général Alix qu'il était allé chercher; de ce guide du général Gérard, qui, sous une pluie de balles, le conduisit sur les flancs d'une division bavaroise ; des habitants de Montereau enfin, faisant le coup de feu contre les Wurtembergeois et assommant les Autrichiens aux prises avec les cavaliers de Pajol. Voilà des exemples de courage civique, de dévouement à la patrie que nous ne saurions trop publier afin que les citoyens de l'avenir, surtout les enfants de nos écoles, les admirent et s'en glorifient en disant : ces hommes de cœur étaient nos pères, nous saurons nous montrer dignes d'eux. Par une innovation heureuse qu'on a vainement critiquée, ils s'exercent maintenant, dès leur jeune âge, à manier une arme, à manœuvrer militairement : ces exercices aussi propres à fortifier le corps qu'à développer la volonté, le courage et l'esprit de discipline, seraient insuffisants à faire des patriotes, si un enseignement moral, fondé sur les exemples de l'histoire, ne venait faire vibrer en ces jeunes âmes la fibre essentiellement française du dévouement à la patrie. Qu'on sache leur inspirer à la fois l'exécration de l'esprit de conquête et de ses partisans, l'amour de la paix et la résolution virile de savoir mourir, s'il le faut, pour défendre et recouvrer les frontières que nous avaient conservées nos pères de 1792. La France veut la paix, mais sachons comprendre que pour être assurés de la posséder à jamais, il faut être prêts sans cesse à déployer toute la vigueur physique et toute l'énergie morale qui sont l'apanage des citoyens d'un état démocratique.

Nous sommes désormais à l'abri des sanglantes aventures de l'Empire, des humiliations extérieures et de la tyrannie intérieure de la royauté ; grâce au principe de l'intervention des citoyens dans toutes les affaires publiques, nous n'avons plus d'autre maître que la volonté nationale, et, si nous marchons au combat, ce ne sera plus comme un troupeau conduit à la boucherie, mais comme des hommes libres qui défendent leurs foyers. L'expérience du passé nous a libérés, mais nous l'avons chèrement et tardivement acquise.

La Révolution venait de régénérer la France : un homme qui lui doit tout en fait sa captive par la violence et le parjure ; à l'intérieur, il étouffe toutes les libertés, rend au cléricalisme son ancienne puissance, supprime toutes les manifestations de la pensée et proscrit les maîtres de l'esprit humain, qu'il flétrit du nom méprisant d'idéologues. Au dehors, il entraîne sur ses pas les volontaires de Valmy et de Jemmapes, et transforme ces glorieux patriotes en prétoriens. Fascinés par l'irrésistible ascendant de ce génie de la guerre, ils ne songent pas qu'ils souillent l'honneur immortel acquis par la défense victorieuse des libertés de leur pays et de l'intégrité du territoire, en se faisant à leur tour envahisseurs aux gages d'un conquérant, en portant atteinte à l'indépendance des peuples voisins, qui devait leur être sacrée de par les principes de la Révolution. Enivrés par ces luttes ardentes, toujours couronnées par la victoire, les soldats de la liberté, devenus les soldats d'un tyran, versent leur sang sur tous les champs de bataille de l'Europe pour servir son ambition effrénée. Ils périssent par centaines de mille dans ces combats sans cesse renouvelés ; d'autres viennent les remplacer, et tombent aussi. La France voit tous ses enfants abandonner les paisibles travaux des champs et de l'industrie pour aller s'offrir en pâture à la mitraille; ses richesses acquises par un labeur constant et infatigable s'évanouissent dans la fumée du salpêtre, au milieu de monceaux d'armes brisées et de chevaux expirants. Il ne reste plus que des enfants : le pourvoyeur de la conscription les réclame; alors commencent la sanglante agonie de 1814, puis les atroces représailles exercées par des ennemis dont on avait traité naguère la patrie en pays conquis ; l'occupation étrangère devient non seulement une humiliation, mais une persécution de tous les instants, un fléau distribuant avec largesse les outrages, les violences, le pillage à main armée, mettant en œuvre le système des réquisitions jusqu'à épuisement complet du pays. Est-ce tout ? non pas : la République avait su maintenir par les victoires de Zurich et de Bergen l'intégrité de notre sol ; l'homme de Brumaire laisse la France plus petite qu'il ne l'avait prise, démembrée de dix-huit départements qui constituaient, avant son guet-apens, nos frontières naturelles. Les Bourbons reviennent à la faveur de ces désastres, invoquent, suivant leur coutume, la protection de l'étranger; sous leur gouvernement oppresseur et tyrannique, tout est interdit aux citoyens, tout est permis aux ennemis, introducteurs de ce roi qui vient déchirer le drapeau tricolore. Les alliés rançonnent et dépouillent à l'envi ce pays dont ils avaient été si promptement chassés par la République. Bonaparte profite du mépris de la nation pour cette monarchie anti-française, et s'empare de nouveau du pouvoir. Mais il tombe à Waterloo, et le résultat de ses nouveaux exploits est une deuxième invasion et un deuxième démembrement qui laisse notre frontière entr'ouverte. Plus tard, le second Empire nous amène une troisième invasion et un troisième démembrement, qui élargit encore la plaie de notre flanc par la perte de l'Alsace et de la Lorraine. Concitoyens, il vous est facile de conclure vous-mêmes. Voulez-vous vivre libres, n'être plus à la merci de l'esprit de conquête, dont les conséquences fatales sont toujours l'invasion et l'abaissement de la patrie ? voulez-vous clore à jamais l'ère des révolutions et assurer pour l'avenir la paix au dedans et au dehors ? Que votre bulletin de vote répète sans cesse résolument : ni Empire, ni Royauté. Désormais, pour tout homme vraiment patriote, l'existence de la France moderne est indissolublement liée à l'existence de la République.

FIN

INDEX

relatant par ordre alphabétique les localités de Seine-et-Marne mentionnées dans le courant de l'ouvrage.

(Les numéros se réfèrent aux pages.)

Amillis, 157.
Andrezel, 101.
Baby, 217.
Bailly, 52, 57.
Balloy, 217.
Barbey, 102.
Bassevelle, 219.
Bazoches-lès-Bray, 82, 217.
Beautheil, 157.
Blandy, 101.
Boissettes, 101.
Boissise-la-Bertrand, 101.
Bray-sur-Seine, 20, 30, 31, 38, 40, 41, 42, 45, 46, 47, 65, 66, 79, 82, 83, 90, 217.
Brice (Saint-), 210.
Brie-Comte-Robert, 45, 106, 120, 122, 154, 155, 166, 174.
Bussières, 201, 206.

Carnetin, 219.
Celle-sous-Moret (La), 102.
Cesson, 101.
Cessoy, 217.
Chailly-en-Brie, 85.
Chalautre-la-Petite, 217.
Chalmaison, 217.
Chambry, 219.
Champagne, 102.
Champdeuil, 46, 101.
Changis, 219.
Chapelle-la-Reine (La), 20, 45.
Chapelle-Rabelais (La), 217.
Chartrettes, 102.
Châteaubleau, 217.
Château-Landon, 19.
Châtelet-en-Brie (Le), 44, 49, 67, 98, 99, 102.
Châtenay, 217.
Chaumes, 46, 48, 157.
Claye-Souilly, 93, 111, 120, 122, 131, 133, 203.
Cocherel, 219.
Coulommiers, 85, 86, 91, 103, 111, 112, 116, 117, 133, 134, 136, 154, 157, 172, 197.
Courcelles, 101.
Courchamp, 210.
Courtacon, 92.
Courtomer, 157, 171.
Courtry, 219.
Coutençon, 217.
Crécy, 19, 48, 114, 117, 120, 133, 135, 136, 154, 161, 167, 168, 169, 170, 171, 173, 222.
Crégy, 219.
Crisenoy, 46, 101.
Croix-en-Brie (La), 217.
Crouy-sur-Ourcq, 88, 89, 207, 208, 209.
Dhuisy, 219.

Donnemarie-en-Montois, 13, 41, 42, 43, 52, 53, 54, 65, 83, 217,
Dontilly, 217.
Doue, 85.
Égligny, 217.
Éverly, 42, 43, 217.
Évry-les-Châteaux, 45, 46, 151.
Faremoutiers, 168, 169.
Féricy, 102.
Ferté-Gaucher (La), 37, 85, 89, 91, 116, 117, 118, 120, 154, 156, 158, 159, 160, 169, 170.
Ferté-sous-Jouarre (La), 20, 28, 36, 37, 85, 86, 88, 89, 111, 116, 119, 120, 122, 131, 133, 134, 136, 157, 171, 202, 203, 207.
Fleury-en-Bière, 202.
Fontainebleau, 29, 36, 38, 40, 41, 44, 47, 68, 69, 94, 105, 129, 154, 159, 197, 202, 207.
Fontaine-Fourches, 217.
Fontaine-le-Port, 102.
Fontains, 217.
Fontenay-Trésigny, 46, 48, 207, 222.
Forfry, 219.
Forges, 73, 74, 102.
Fossard, 34, 38, 39, 40, 79, 82, 202, 206.
Fouju, 101.
Gastins, 217.
Germain-Laval (Saint-), 102.
Germain-Laxis (Saint-), 101.
Gouaix, 217.
Grande-Paroisse (La), 69.
Grandpuits, 52.
Gravon, 102, 217.
Grez, 31, 33, 35.
Grizy-sur-Seine, 217.
Guignes, 46, 47, 48, 50, 101, 155, 157, 174, 222.
Gurcy-le-Châtel, 217.

Héricy, 102.
Hermé, 217.
Jaignes, 219.
Jaulnes, 217.
Jean-les-deux-Jumeaux (Saint-), 201, 206
Jouarre, 89, 219.
Juilly, 219.
Just (Saint-), 218.
Lagny, 20, 91, 157.
Laval, 102.
Léger (Saint-), 210.
Lieusaint, 46, 101, 151, 152.
Limoges-Fourches, 46, 101, 151, 152, 153.
Lissy, 46, 101.
Livry, 102.
Lizines-Sognolles, 217.
Lizy-sur-Ourcq, 88, 90.
Luisetaines, 42, 43, 217.
Machault, 102.
Maincy, 101.
Maisoncelles, 157.
Maison-Rouge, 47, 53, 60, 64.
Marchémoret, 219.
Marolles-sur-Seine, 40, 82, 83, 102.
Martin-des-Champs (Saint-), 210.
Martin-en-Bière (Saint-), 202.
Mauperthuis, 168, 169.
May-en-Multien, 88, 90, 219
Meaux, 20, 28, 37, 46, 47, 85, 86, 87, 88, 91, 93, 100,
    108, 111, 113, 119, 127, 128, 131, 132, 133, 134, 150,
    154, 157, 159, 161, 171, 197, 202, 207.
Meigneux, 53, 82, 218.
Melun, 13, 24, 28, 30, 36, 40, 44, 46, 47, 48, 49, 93,
    101, 103, 107, 122, 123, 136, 137, 146, 154, 159, 162,
    165, 171, 197, 207, 222.
Moisenay, 101.

Moissy-Cramayel, 46. 144, 145, 152, 153.
Mons, 218.
Montceaux, 86.
Montereau-faut-Yonne, 13, 20, 22, 25, 29, 30, 31, 32, 33, 34, 38, 39, 40, 41, 43, 45, 46, 47, 49, 53, 55, 57, 65, 66, 69, 70, 77, 78, 79, 80, 81, 82, 83, 84, 90, 99, 102, 120, 193, 214, 222.
Montereau-sur-Jard, 101.
Monthyon, 189, 190.
Montigny-Lencoup, 58, 218.
Montigny-le-Guesdier, 218.
Montry, 219.
Moret, 21, 29, 30, 31, 32, 33, 34, 35, 39, 40, 44, 46, 222.
Mormant, 13, 46, 47, 51, 55, 56, 59, 65, 66, 93, 101, 155, 174.
Mortery, 210.
Mouroux, 185, 186.
Mousseaux-lès-Bray, 218.
Moutils, 85, 92.
Mouy-sur-Seine, 65, 82, 182, 183, 187, 218.
Nandy, 101.
Nangis, 43, 44, 45, 47, 50, 52, 53, 56, 63, 64, 71, 72, 75, 77, 116, 120, 122, 154, 155, 157, 166, 167, 171, 202, 206, 218.
Nemours, 21, 29, 30, 31, 33, 34, 35, 36, 38, 40, 44, 222.
Noyen-sur-Seine, 218.
Oissery, 219.
Ormeaux (Les), 76, 193, 198.
Ormes (Les), 217.
Ozouer-le-Repos, 101.
Ozouer-le-Voulgis, 46.
Paroy-Jutigny, 42, 218.
Passy-sur-Seine, 218.
Pecqueux, 50, 56, 101.
Penchard, 219.

Plessis-Placy (Le), 219.
Pomponne, 202.
Provins, 14, 36, 38, 41, 42, 43, 45, 47, 50, 52, 53, 57, 60, 68, 69, 81, 82, 92, 109, 110, 120, 122, 154, 156, 157, 158, 159, 160, 161, 166, 167, 169, 171, 172, 176, 197, 202.
Rampillon, 218.
Réau, 46, 101.
Rebais, 85, 133, 158.
Rouilly, 210.
Rozoy-en-Brie, 116, 157, 172.
Rubelles, 101.
Saints, 157.
Salins, 58, 65, 69, 102.
Sammeron, 85.
Samoreau, 102.
Sauveur-les-Bray (Saint-), 41, 42, 218.
Savigny-le-Temple, 101.
Savins, 218.
Seine-Port ou Saint-Port, 101.
Sigy, 218.
Sivry-Courtry, 102.
Soignolles, 101.
Soisy, 218.
Solers, 46.
Souppes, 31, 32, 33, 34, 35, 36.
Sourdun, 19, 53, 82.
Tancrou, 219.
Thénizy, 218.
Tombe (La), 82, 102, 181, 182, 187, 217.
Trilport, 20, 37, 86, 191, 212.
Trocy, 219.
Valence-en-Brie, 19, 21, 67, 70, 72, 99, 102.
Valjouan, 52, 53, 55, 218.
Vanvillé, 218.
Vareddes, 219.

Varennes, 82.
Verdelot, 18.
Vernou, 102.
Vert-Saint-Denis, 101.
Villenauxe-la-Petite, 218.
Villeneuve-les-Bordes, 13, 21, 53, 54, 55, 57, 61, 65, 218.
Villenoy, 219.
Ville-Saint-Jacques, 39.
Villevaudé, 219.
Villiers-sur-Seine, 218.
Villuis, 218.
Vimpelles, 218.
Voulton, 210.
Vulaines-sur-Seine, 60. 102.
Yèbles, 101.

TABLE DES MATIÈRES

PAGES

A mes Concitoyens 3
Avertissement 5

PREMIÈRE PARTIE

Introduction 7
Le Département de Seine-et-Marne 17
La Défense de la vallée de la Seine 24
Rapport du maréchal Victor sur l'affaire de Mormant . . . 56
   » du général Kellermann » » . . . 59
   » du général Bordesoulle » » . . . 61
   » du général Milhaud » » . . . 63
Combats sur la Marne 84

DEUXIÈME PARTIE

Introduction 96
Lettre du maire du Châtelet au préfet de Seine-et-Marne . . 99

PAGES

Lettre du sous-préfet de Meaux au préfet 100
Lettre du général Kaisaroff à la municipalité de Melun. . . 101
Lettre du commissaire général près les Alliés au préfet. . . 104
Lettre du sous-préfet de Foutainebleau au préfet. 105
Lettre du maire de Brie au préfet 106
Lettre du sous-préfet de Meaux au préfet 108
Rapport du sous-préfet de Provins au préfet 110
Lettre du sous-préfet de Meaux au Ministre de la Guerre . . 111
Lettre du sous-préfet de Meaux au préfet 113
Lettre du sous-préfet de Coulommiers au préfet 116
Lettre du préfet au Ministre de l'Intérieur 119
Lettre du préfet au Ministre de la Guerre 121
Procès-verbal de la première séance de la Commission chargée,
    à Melun, de régler les dépenses relatives aux réquisitions. 123
Lettre du sous-préfet de Meaux au préfet 128
Lettre du sous-préfet de Fontainebleau au préfet. 129
Lettre du préfet au Ministre de la Guerre 131
Lettre du sous-préfet de Meaux au préfet 132
    Id.   Id. 134
Procès-verbal de la deuxième séance de la Commission des
    réquisitions à Melun 137
Lettre du préfet au commandant des troupes russes stationnées
    à Moissy-Cramayel. 144
Lettre du sous-préfet de Melun par intérim au préfet . . . 146
Lettre du préfet au Commissaire général près les Alliés. . . 147
Rapport du capitaine de gendarmerie au préfet 151
    Id.   Id.   Id. 152
Lettre du préfet au Ministre de la Guerre 154
Rapport du sous-préfet de Coulommiers au préfet 156
Procès-verbal de la troisième et dernière séance de la Commis-
    sion des réquisitions à Melun 162
Lettre du préfet de Seine-et-Oise au préfet de Seine-et-Marne. 165
Lettre du préfet de Seine-et-Marne au commissaire général
    près les Alliés 167

	PAGES
Rapport du sous-préfet de Coulommiers au préfet de Seine-et-Marne.	168
Circulaire du préfet de Seine-et-Marne aux cinq sous-préfets.	173
Lettre du Commissaire général près les Alliés au préfet	175
Lettre du Commissaire général près les Alliés au préfet	176
Lettre du Ministre des Finances au préfet	177
Lettre du préfet au Commissaire des guerres.	178
Lettre du maire de La Tombe au préfet.	181
Lettre du sous-préfet de Provins au préfet.	182
Pétition de la commune de Mouy au sous-préfet de Provins.	183
Pétition de la commune de Mouroux au préfet.	185
Rapport du receveur particulier de Provins au receveur général.	187
Pétition de la commune de Monthyon au sous-préfet de Meaux.	189
Pétition de la commune de Trilport au duc de Berry	191
Lettre de M. de Montginot au préfet.	192
Rapport du Directeur des contributions au préfet.	194
Tableau des pertes causées par la guerre dans les cinq arrondissements.	197
Lettre du préfet à M. de Montginot.	198
Circulaire du préfet aux sous-préfets.	199
Pertes éprouvées par les maîtres de poste	201
Pétition du maître de poste de La Ferté-sous-Jouarre au directeur général.	203
Lettre du Directeur général des postes au préfet.	205
Lettre du sous-préfet de Meaux au préfet	207
Pétition de la ville de Crouy-sur-Ourcq au sous-préfet de Meaux.	209
Pétition des communes de Rouilly, Saint-Brice, Voulton, Saint-Martin-des-Champs, Courchamp, Saint-Léger et Mortery au Ministre des Finances.	210
Lettre d'un habitant de Trilport au préfet	212
Lettre de M. de Montginot au préfet.	214
État des pertes des communes de l'arrondissement de Provins	217

	PAGES
État des pertes des communes de l'arrondissement de Meaux .	219
Conclusion	221
Index.	229
Table des matières	237